刘瑶/编著

做一个大家都喜欢的
幽默高手

应急管理出版社
·北京·

图书在版编目（CIP）数据

做一个大家都喜欢的幽默高手/刘瑶编著. -- 北京：应急管理出版社，2019
 ISBN 978 - 7 - 5020 - 7757 - 0

Ⅰ.①做… Ⅱ.①刘… Ⅲ.①幽默(美学)—语言艺术—通俗读物 Ⅳ.①H019 - 49

中国版本图书馆 CIP 数据核字（2019）第 248116 号

做一个大家都喜欢的幽默高手

编　　著	刘　瑶
责任编辑	郭浩亮
封面设计	于　芳
出版发行	应急管理出版社（北京市朝阳区芍药居 35 号　100029）
电　　话	010 - 84657898（总编室）　010 - 84657880（读者服务部）
网　　址	www.cciph.com.cn
印　　刷	三河市宏顺兴印务有限公司
经　　销	全国新华书店
开　　本	880mm×1230mm$^1/_{32}$　印张　6　字数　151 千字
版　　次	2020 年 1 月第 1 版　2020 年 1 月第 1 次印刷
社内编号	20180669　　　　　　定价　32.80 元

版权所有　违者必究

本书如有缺页、倒页、脱页等质量问题，本社负责调换，电话：010 - 84657880

前 言 Preface

良好的人际关系对于一个人的幸福生活很重要。如何营造良好的人际关系，是人生谋划的重中之重。那么如何才能在复杂的人际关系中游刃有余呢？

举个例子——

"客观事实"长得很丑，每个人都必须对此发表一句评论。当时的场面极为尴尬。

"直率"评论说："你长得太难看了。"这种性格一张口，不管是真是假，都容易伤人。

"刻薄"评论说："长得丑不是你的错，出来吓人就是你的不对了。"

"虚伪"评论说："话不能这么讲呢！我看你是属水萝卜的，外表虽然带着土，可心里美呀。"谁都知道他说的不是真话。

"委婉"评论说："就是，该怎么说呢，可能是有点那个。不过，我同意这样的说法，看人不要光看外表，还要看内心。"尽管没有明说，但大家都明白他的意思，虽然没伤人，但不一定落好。

"幽默"却是这样评论的："老兄，你长得很有创意。"大家都笑了。

做一个大家都喜欢的幽默高手

在人际交往中,常常会有互动齿轮干涩的时候。这时,幽默是最理想的润滑剂,它能使僵滞的人际关系活跃。幽默还是缓冲装置,使一触即发的紧张局势化为祥和;幽默又是一枚包裹了棉花团的针,带着温柔的嘲讽,却不伤人。总之,幽默是营造良好人际关系的利器。那些幽默的人,所到之处皆是一片愉悦和融洽的气氛,谁都愿意和他们交往,他们和大家的关系在不知不觉中变得无比和谐。

然而,幽默在我们的生活中是否受到重视呢?据南开大学社会学系的一项调查显示,家庭成员在情感交流中,约有六成的妻子认为自己的丈夫少有幽默的情调,七成的丈夫认为自己的妻子缺乏幽默感,而认为父母毫无幽默细胞的子女接近九成!这一数据显然说明我们的生活压力太大了,有必要调整一番。

幽默感不是与生俱来的,它是一种健康心态的体现,是一种乐观生活态度的反映。如果你想提高幽默感,不妨打开这本书,让思绪在幽默俏皮的文字中做一次快乐的旅行。学海无涯,开卷有益。相信你在阅读本书后,对于幽默有更加理性的认识和感性的了解。而当你在娴熟地运用幽默时,你会发现:你的人际关系会在不知不觉中变得和谐,而你身边的每一个人都越来越喜欢你。

刘 瑶

2019年9月

目 录 Contents

第一章　幽默带来好人缘 …………………………… 1

◆ 笑容是友好的象征 ………………………… 2
◆ 幽默是传达人情味的最佳载体 …………… 3
◆ 社交成功的法宝 …………………………… 5
◆ 幽默交友，朋友遍天下 …………………… 7
◆ 用幽默增强影响力 ………………………… 9
◆ 没有幽默，世界会是什么样 ……………… 11

第二章　用幽默提升人格魅力 ……………………… 15

◆ 智慧是幽默的"父亲" …………………… 15
◆ 自信是幽默的要素之一 …………………… 17
◆ 幽默是一种积极豁达的人生观 …………… 18

◆ 提升领导魅力少不了幽默 …………………… 21
◆ 用幽默玩转职场 …………………………… 23
◆ 最难的境界是在逆境中幽默 ……………… 26

第三章　谈吐幽默，拓展人际关系 ……………… 29
◆ 幽默可以助他人轻松面对失意 …………… 32
◆ 幽默要注意"度" ………………………… 34
◆ 适度"自嘲"，可以活跃气氛 …………… 37
◆ 别人的幽默要学会欣赏 …………………… 39

第四章　巧解冲突尴尬的幽默艺术 ……………… 42
◆ 让尴尬在笑声中冰释 ……………………… 43
◆ 尴尬中的幽默技巧 ………………………… 45
◆ 不满的话幽默地说 ………………………… 48
◆ 用幽默摆脱两难的窘境 …………………… 49
◆ 拒绝他人的幽默技巧 ……………………… 51
◆ 面对敌意如何幽默回击 …………………… 53
◆ 善用幽默，四两拨千斤 …………………… 55

第五章　家庭和谐少不了幽默 …………………… 57

- ◆ 幽默可以消除家庭紧张关系 ………………… 57
- ◆ 爱情保鲜的秘诀是幽默 ……………………… 58
- ◆ 锦上添花的爱情幽默 ………………………… 60
- ◆ 运用幽默力量作趣味思考 …………………… 61
- ◆ 用幽默避免无谓的家庭争吵 ………………… 63
- ◆ 当代文化名人的幽默 ………………………… 65

第六章　最实用的幽默方法 …………………………… 68

- ◆ 俏皮风趣 ……………………………………… 69
- ◆ 自相矛盾 ……………………………………… 70
- ◆ 曲径通幽 ……………………………………… 72
- ◆ 啰唆絮叨 ……………………………………… 74
- ◆ 曲解词意 ……………………………………… 77
- ◆ 歪曲经典 ……………………………………… 79
- ◆ 暗指借代 ……………………………………… 80
- ◆ 强烈反差 ……………………………………… 81
- ◆ 夸张吹牛 ……………………………………… 84

- ◆ 语体移置 ··· 85
- ◆ 比喻谐趣 ··· 87
- ◆ 一语双关 ··· 89
- ◆ 戏仿模拟 ··· 92
- ◆ 硬套逻辑 ··· 97
- ◆ 故作糊涂 ··· 99
- ◆ 极度荒谬 ··· 101
- ◆ 谬上加谬 ··· 103
- ◆ 连锁归谬 ··· 104
- ◆ 歪打正着 ··· 108
- ◆ 出人意料 ··· 111
- ◆ 刻意类比 ··· 115
- ◆ 张冠李戴 ··· 117
- ◆ 数不厌精 ··· 119
- ◆ 避重就轻 ··· 120
- ◆ 吊足胃口 ··· 121
- ◆ 另辟蹊径 ··· 124
- ◆ 大事化小 ··· 126
- ◆ 小事化大 ··· 127
- ◆ 反说正话 ··· 130

第七章 社交中的幽默原则与技巧 …… 132

- ◆ 幽默要自然流露 …… 132
- ◆ 化繁为简 …… 138
- ◆ 通俗易懂 …… 140
- ◆ 把握幽默的度 …… 143
- ◆ 含蓄委婉 …… 145
- ◆ 要语如其人 …… 147
- ◆ 抓住社会背景制造幽默 …… 149
- ◆ 因人而异，因地制宜 …… 153
- ◆ 幽默的6个忌讳 …… 155

第八章 没有人是天生幽默的 …… 158

- ◆ 幽默的各种类型 …… 159
- ◆ 生活处处有幽默 …… 162
- ◆ 用知识浇灌幽默之花 …… 165
- ◆ 富于想象，综合运用 …… 167
- ◆ 善于学习，积累幽默素材 …… 168
- ◆ "做鬼脸"的幽默效果 …… 170
- ◆ 动作使语言幽默如虎添翼 …… 171
- ◆ 幽默要分亲疏 …… 174

- ◆ 保持乐观，培养幽默感 …………………………… 177
- ◆ 学习运用幽默的能力 ……………………………… 179
- ◆ 如何让自己的幽默独树一帜 ……………………… 180

第一章　幽默带来好人缘

谁不喜欢富有幽默感的人呢？即便自己缺乏幽默感，对于幽默的人也是欣赏与喜欢的吧？任何人都喜欢阳光与欢乐，而具有幽默感的人身上散发着阳光与欢乐的气息。一个具有幽默感的人，会时时发掘事物有趣的一面，并欣赏生活中轻松的一面。这样的人，更加平易近人；这样的人，使他人也能分享轻松愉快的气氛；这样的人，更能增添人生的光彩。

幽默是一种超群的魅力，是一种讨人喜欢的性格。人们用幽默来使自己开心，使自己超脱尘世的种种烦恼；用幽默来增加活力，使生活多一点情趣；用幽默来散播快乐，给人欢笑、友爱与宽容——不仅如此，人们还用幽默润滑严酷的现实机器，超越其他方法所无法超越的限制。

马克·吐温曾经说："让我们努力生活，多给别人一些欢乐。这样，我们死的时候，连殡仪馆的人都会感到惋惜。"这话既富有幽默感，又富有哲理。另一个美国名人麦克阿瑟将军，在为儿子所写的祈祷文中，除了求神赐他儿子"在软弱时能自强不屈；在畏惧时能勇敢面对；在诚实的失败中能够坚忍不拔；在胜利时又能谦逊温和"之外，还向上帝祈求了一样特殊的礼物——赐给他儿子以"充分的幽默感"。可见，幽默是多么值得追求与拥有的优秀品质。

◆ 笑容是友好的象征

所谓"人人都喜欢笑容",包含了两层意思。第一层是喜欢看到别人脸上的笑容,那笑容是友好的象征,谁不希望别人对自己友好?第二层意思是希望自己脸上多些笑容,谁不喜欢自己开心?

美国一家著名时装公司的企业家史度菲说:"世界上最美妙的声音就是笑声。它比任何音乐或娓娓悄语都美妙。谁能使他的朋友、同事、顾客、亲人们发出笑声,那么,他就是在弹奏无与伦比的音乐。"

在一列快速行进的地铁车厢里,某人客气地弯腰对身旁一位年轻时髦的女士说:"车厢真黑,请允许我为您找扶手吊带吧!"

"不客气!"那位女士冷冰冰地说,"我已经有扶手吊带了。"

"那么,请您放开我的领带吧!?"这个人气喘吁吁地说。

关于上班族上下班挤车的幽默着实不少。特别是早上上班的高峰期,车里的人希望车外的人不要再进来,好快点开车;车外的人却拼了老命也要挤进去,以免上班迟到。车门前面常是一片人海,公交车经常因无法关门而等候。如果恰逢炎热的夏天,车里车外的人难免更加烦躁。因此,我们经常可以见到拥挤的公交车出现乘客之间的纠纷。有这么一位瘦弱的老兄,在早班车上被挤得实在无奈了,可是早上急着上班的人还是拼命地往沙丁鱼罐头似的车厢里挤。汽车迟迟不能开动,车里的人和车门口的人都有了意见。眼看双方的言辞有了火药味,这位老兄忍不住大叫:"别挤啦,再挤我就成了相片啦!"就这一句话,博得大家一笑。伴随着笑声,车里的人的气消了不少,车门口坚持要挤进来的人也下了车甘心等下一趟。

第一章 幽默带来好人缘

一张笑脸是如此可爱，让人联想到盛开的鲜花与火红的朝阳，它可以带给人们温馨和美的感受。笑可以使男人变得亲切，使女人更加妩媚。笑的魅力诱人，在日常生活中不可或缺。

幽默注定与笑声不可分离。在生活中，我们经常会笑，幽默就是一种逗我们快乐的方法。笑是人的一种本能，但人却不会时时刻刻都能笑、想笑、要笑。而幽默会引人发笑，所以，有人把幽默当成"善意的微笑"，以笑为"审美特征"；还有人把幽默奉为"引发笑声的艺术"，故而特别受到人们的注意。

人们的笑，可按照笑时的表情分为多种多样。幽默可以使人发出轻松的微笑、快乐的大笑，也可以引起人们的冷笑、嘲笑或似发疯的狂笑等等。但笑并不是幽默的唯一目的，而在于人们笑过之后所得到的融洽，也就是说幽默的价值在于笑的背后。

幽默是一种有趣或可笑而意味深长的交往方式。幽默大师说："幽默是常常使人开怀畅笑，而自己也乐在其中，享受轻松的快感。"在生活中，幽默也是一种洒脱、积极、豁达、机智、诙谐的人生态度。

幽默的人走到哪里，哪里就充满欢笑。幽默使人快乐、欣悦和愉快，把这一点运用到社交生活中，会取得招人喜欢的交际效果。

◆ 幽默是传达人情味的最佳载体

人情味是什么？要准确定义还真不是一件容易的事情。抽象地说：人情味是人类情感互动的一种表现，引起他人的情感上共鸣，或使他人感到温暖。人情味有一种说不出的滋味，是一种意味深长，耐人寻味的情感。

俗话说："人非草木，焉能无情？"一个没有人情味的人，如同草

做一个大家都喜欢的幽默高手

木般独自枯荣一世。人情味是一种复杂的混合味道,其中包含着善良、热心、真心、体贴、活泼。幽默或许可以不是人情味的分子,但它一定是传达人情味的最佳载体。

有一天,诗人海涅正在伏案写作,突然邮差送来一个包裹。海涅打开一层又一层,最后见到的只是一张小纸条,上面只有一句话:"亲爱的海涅,我健康而快活,衷心地致以问候。你的梅厄。"几天以后,梅厄先生也收到海涅的一个邮包,那邮包很重,梅厄雇一个脚夫帮他扛到家,打开一看,竟是一块石头,还有一张便条,上面写道:"亲爱的梅厄,看了你的信,我心里这块石头才落地,我把它寄给你,以表达我对你的爱。你的海涅。"海涅和他的好友通过幽默的手段,互相传递了诚挚的朋友之情,既有趣,又感人。

有个男孩吵着要爸爸给他买把玩具喷火枪,爸爸没有马上训斥孩子,而是温和地说:"不行啊,这个月你的'军费开支'已经超过预算了,再买喷火枪,你妈妈就要成喷火枪了。"父母与孩子之间的关系是"双连关系",一旦"话不投机",关系就会弄僵。而用幽默沟通的方法则是一种至趣、至情、至理、至智的高级手段,双方都能接受。幽默不但有笑,里面总带启慧的爱意,无形地和对方心灵相融,产生强烈的情感共鸣。小儿子有一天忽然问爸爸:"爸爸,在你还是小孩的时候,你爸爸打过你吗?""当然,他打过我。"他爸爸说。"那么,当他是小孩时,他爸爸也打过他吗?""当然,他爸爸打过他。"爸爸笑着说。小儿子想了一会儿后对他爸爸说:"爸爸,假如你愿意和我合作的话,我们可以中止这种恶性循环的暴力行为。"这样的幽默感在两代人之间就建立了一种平等关系。在和下一代的交往中运用幽默,能使他们感到人格被尊重,有利于培养孩子的信心,使他们觉得父母、长辈并不只是居高临下地向他们发号施令,而是把他们当朋友看待,增强了他们的平等意识、民主意识。同时，通过幽默来教育、帮助他们，比用别的方法效果更好。热播的国产电视剧《家有儿女》，便是很好的例证，难道我们的父母不应该学一学这种以幽默方式和孩子们相处的艺术吗？

有一个长年在外工作的人，长久没有和家里联系了。一天半夜，刺耳的电话铃声搅醒了他的美梦。他不耐烦地拿起话筒，原来是母亲打来的电话，告诉他今天是他的生日，儿子有些恼火地说："你深更半夜打电话就是为了告诉我这件事情吗？"母亲温和地在电话中对儿子说："孩子，三十年前的这个时候，也是你把我折腾醒的。"母亲用幽默，善意地表达对子女的关心，也让子女认识到自己的错误，这种独特的富有人情味的教育方式，做子女的是难以忘记的。

◆ 社交成功的法宝

社交是一个广义概念，泛指人的一些社会交往与联系。要想生活与事业双丰收，就得拥有一个良好的社会关系网——用时髦的词叫"人脉"。而要想拥有良好的人脉，就离不开优秀的社交本领。社交的成功，意味着彼此喜欢、彼此信任，并愿意互相帮助、互相支持。而要想取得社交的成功，方法、因素固然很多，但幽默的作用却是任何方法和因素都无法代替的。

法国作家小仲马浪漫风流，一次与朋友们逛妓院（基于时代的原因，我们不能因此质疑其道德），朋友们当着两个名妓的面，为哪个妓女更美丽而争论来争论去。两个名妓一位身段妙不可言，另一位面容如花似玉，争论似乎没有结果。最后，朋友们让一声不吭的小仲马作裁夺。"你最喜欢哪一位呢？"他们问。"我最喜欢带第二位出门，带第一位回家。"小仲马轻松写意地将这个难题解开，令所有在场的人信服

做一个大家都喜欢的幽默高手

并为之赞叹。对于小仲马的幽默,我们除了像周星星同学似的感叹"I服了you"之外,找不出更恰当的致敬之语了。

幽默是社交中的润滑剂,能使难解的麻绳顺畅解开,能使激化的矛盾变得缓和,从而避免难堪的场面,化解双方的对立情绪,使问题更好地解决。小刘追求一个叫若兰的女孩,但若兰对他不太感冒。在一次上门拜访时,若兰的母亲在门口挡驾,告诉小刘说:"对不起,若兰今天不在家。"小刘下车时明明看到若兰倒了垃圾回了家,但他没有点破:"没关系,那麻烦伯母告诉她,我今天没有来。"感情的事是最说不清道不明的事,一个拒绝某男100次的女孩,很可能在第101次被打动而缴械投降。小刘这样幽默地处理,不仅给双方留足了面子,给自己留了后路,还表明了自己轻微的不满,更传递了自己的幽默——这是一种多么讨人喜欢的气质啊。若兰的母亲听了心中莞尔,若兰听了之后也会觉得有趣。追女孩子本身就累,特别是追一个对自己没有感觉的女孩子。让对方觉得自己有趣,又何尝不是万里长征中的一步?

美国作家特鲁讲:"当我们需要把别人的态度从否定改变到肯定时,幽默力量具有说服效果,它几乎是一种有效的处方。"他还讲道:"幽默帮助你解决社交问题。当你希望成为一个克服障碍、赢得他人喜欢和信任的人时,千万别忽视这种神秘的力量。"幽默不仅能解决矛盾冲突,它还是心灵沟通的艺术。人们凭借幽默的力量,打碎自己的外壳,主动与人交往,触摸一颗颗隔膜的心,通过幽默使人们感受到你的坦白、诚恳与善意。

严肃的交谈和例行公事般的来往,往往给人一种戴着假面具的感觉,也只能让人了解你的外表,却无法探知你的内心,这样的交流是极难深入下去的。一个老板在看了由秘书代拟的公文后,对美丽的女秘书说:"你每天的穿着打扮简直是恰到好处,让人看了赏心悦目,要是你代我起草的公文也是这样就好了。"由夸奖到批评，都是那么自然、幽默，被批评者就容易接受多了。幽默可以让人们看到你的另一面，本质的、人性的、纯朴的一面，这是人性的共同之处。

在现代社会生活中，各种以娱乐活动为目的的集体或是出于兴趣、爱好而组成的团体，成了人们相聚，彼此沟通、互相满足的小社会。这些社团中，不论是普通成员还是核心人物，都能从幽默的力量中深受益处，也能以自己的幽默感赢得大家的欢迎。

总之，幽默是社交成功的法宝。运用幽默的力量，我们就能通过成功的社交，走上成功的道路。

◆ 幽默交友，朋友遍天下

俗话说：在家靠父母，出门靠朋友。多交一些朋友，常与朋友交谈、聊天，就会心胸开阔，信息灵通，心情开朗；也能取人之长，补己之短。遇到烦恼的事情，朋友可以安慰你；遇到难题，朋友可以帮你出主意；有什么苦衷，也可以向朋友倾诉；遇到什么喜事和值得高兴的事，可以和朋友分享快乐。

交友难，难就难在交友的方法上，幽默交友不失为一种有效的方法。陌生朋友见面，如果幽默一点，气氛会变得活跃，交流会更顺畅，这为今后更紧密的关系打下良好的基础。

著名国画大师张大千与著名京剧艺术大师梅兰芳神交已久，相互敬慕。在一次张大千举行的送行宴会上，张大千向梅兰芳敬酒，出其不意地说：

"梅先生，您是君子，我是小人，我先敬您一杯！"

众人先是一愣，梅兰芳也不解其意，忙问："此语作何解释？"

张大千朗声答道："您是君子——动口；我是小人——动手！"

张大千机智幽默，一语双关，引来满堂喝彩，梅兰芳更是乐不可支，把酒一饮而尽。

大多数人都有广交朋友的心，苦的是没有行之有效的方法，如果我们能像张大千一样，感受生活，勤于思考，有一天我们也会和他一样幽默风趣，到那时候，世界就不再是陌生的了，因为陌生人也会乐意成为我们的朋友。

新朋友之间可以幽默，老朋友之间更不必拘泥古板，只要"幽"得开心、"默"得可乐就可以了。

法国作家小仲马有个朋友的剧本上演了，朋友邀小仲马同去观看。小仲马坐在最前面，总是回头数："一个，两个，三个……"

"你在干什么？"朋友问。

"我在替你数打瞌睡的人。"小仲马风趣地说。

后来，小仲马的《茶花女》公演了。他便邀朋友同来看自己剧本的演出。这次，那个朋友也回过头来找打瞌睡的人，好不容易也找到一个，说："今晚也有人打瞌睡呀！"

小仲马看了看打瞌睡的人，说："你不认识这个人吗？他是上一次看你的戏睡着的，至今还没醒呢！"

小仲马与朋友之间的幽默是建立在真诚的友谊的基础之上的，丢掉虚假的客套更能增进朋友之间的感情。可见，交朋友要以诚为本。朋友之间要以诚相待，互相关心，互相尊重，互相帮助，互相理解。爱人者人恒爱之，敬人者人恒敬之。关心别人，才会得到别人的关心；尊重别人，才会得到别人的尊重；帮助别人，才会得到别人的帮助；理解别人，才会得到别人的理解。

掌握了幽默的交友技巧，我们的朋友就会遍布天下，陌生人会变成新朋友,更多的新朋友将变成老朋友。面对老朋友,我们将是没有隔膜,无话不谈:过去的趣事、将来的打算、工作中的得意、家庭里的烦恼都可和朋友一起分享。

◆ 用幽默增强影响力

影响力,通俗地解释就是影响他人的能力。用督战队强迫战士上前线,督战队是一种影响力;用崇高的使命吸引战士上战场,使命是一种影响力。这两种影响力一种来自于外部,一种发自于内心,谁强谁弱,一目了然。

构成一个人的影响力的因素很多,其中幽默是一个不可忽视的组成。在"二战"前,美国国会议员因为军方提出的B12轰炸机研制计划而争论不休,支持该项计划的罗斯福总统为了说服议员费了很多口舌,但没有多少效果。眼看这项议案就要流产,情急之中的罗斯福不再用严密理性的说辞来作工作,他说:"说实在的,对于B12轰炸机我们都不是特别了解,但我想,B12是人体不可缺少的维生素。既然现在军方需要B12轰炸机,我想对于他们来说一定是不可缺少的。"结果,这项议案居然通过了。而B12轰炸机在后来的"二战"中可谓战功赫赫。一般来说,在国会议案的讨论中,大家都是一些讲究理性、逻辑的人,坐在一起摆事实、讲道理,一切靠事实与道理说话。但罗斯福却反其道而行,用幽默的说辞轻松地转变了一些人的态度。也许将部分议员改变立场单纯归功于罗斯福幽默的类比是不严肃的,但罗斯福的幽默在一定程度上缓和了当事双方阵营的火药味,对立的缓和有助于平和理性地去理解对方的意见和观点,而不至于跌入情绪化的为反对而反对的泥坑。

在现代人的生活中,生活形式是固定不变或在一段时期内固定不

做一个大家都喜欢的幽默高手

变的。所以，无论你是已经有一定影响力的人，或者是想成为有一定影响力的人，你都不能忽视幽默作为影响力的作用。对于工厂工人来说，上班，进车间，下班，回家——周而复始；除非他坐进办公室或换一种工种，才会引起变化。但变化之后，随之而来的又是不变。这就是现代人普遍认为生活沉闷的外在原因。在这种总的生活形态背景下，人们不得不寻求改变，以摆脱沉闷感，如满足食欲、情感需要、进行社交、寻找娱乐等。除此之外，对生活形态进行改造的另一种好方法是培养和发挥幽默感。幽默感会制造不变中的变，使人把枯燥的工作看得有趣、轻松，从而不再感到沉闷。可以想见，充满欢笑的劳作不是折磨，而是一种愉快的运动。

一个具有幽默感的人，他的幽默语言和行为会一传十、十传百，成倍地扩展。如果幽默的语言行为中有他的思想、观点。那么，就会有很多人来传播他的思想、观点，所要传达的信息也随即被他人了解。无论他人是反对还是支持，至少他了解了你的想法，于是你的影响便由此而产生。小说作家慕容雪村于2003年在网络上发表一篇1万多字的长帖，名为《做爱的经济学分析》，从经济学的角度，用理性的语言与专业的词汇分析了男女之事这个感性的问题，虽通篇谈男女之事，但干净得很，构思别开生面、行文幽默诙谐，一举成为网络上著名的热帖，令其影响力剧增。用百度检索该文，目前显示条目达8810篇，可见其传播之广。限于篇幅与版权问题，编者在此不作"转帖"，有心欣赏者可以自己去网络搜寻阅读。近年来慕容雪村的影响力剧升，将功劳记在这个网络强帖上显然很是牵强，但该帖在帮助他提高人气与知名度上是立下了不小功劳的。

第一章 幽默带来好人缘

◆ 没有幽默，世界会是什么样

幽默是能使人发笑的东西。没有笑，世界会是什么样？我们先看一则小幽默。

练兵场上，连长正领着新兵们操练，连长喊"立正"，新兵们整齐地站在连长的对面。连长继续下命令："向右看齐！"新兵们把头侧向了右边。

但是，连长看到有一个新兵却把头侧向左边。于是连长又喊了一遍："向右看齐！"但那个新兵还是把头侧向左边。

连长有点恼火地问那个新兵："你为什么向左看？"

新兵这才发现了自己的错误，他却大声地回答："报告长官，大家都向右看，我怕敌人会从左边上来。"

新兵的一番话，令连长严肃的脸上挤出了一丝笑容。操练继续下去，这个新兵全神贯注地听着口令，不再出现错误。

在家庭生活中，男人常常会因为自己的妻子为赶时髦去购买时装而产生烦恼，免不了一番发泄，但这往往会伤害夫妻情感。如果你是一个有修养的男子，面对这种窘境，即使是批评，也应采取一种幽默的方式，既消弭矛盾，又不伤感情，并给生活增添一份情趣。

妻子："今年春天，不知又流行些什么时装？"

丈夫："和往常一样，只有两种，一种是你不满意的，另一种是我买不起的。"

这位丈夫的幽默，一般通情达理的妻子均能接受，两个人此时都会为之一笑。我们再来看另一则充满智慧的幽默：

做一个大家都喜欢的幽默高手

在总统竞选大会上,美国第26任总统西奥多·罗斯福演说时,接到一张条子,上面写着:"蠢猪!"

"亲爱的同胞们!"罗斯福镇静地说,"我经常收到人们忘记署名的信,但现在我第一次接到一封只有署名,但没有内容的信!"

幽默是有文化的表现,是痛苦和欢乐交叉点上的产物。一个人不经历痛苦、辛酸,便不懂得幽默。而假如他没有充足的自信和希望,也不会幽默,他的痛苦与辛酸也就白费了。

每逢时代踏进新阶段时,幽默便会兴旺起来。它对于生活中古旧、虚妄的一切,都宣告了它们末日的来临。然而,当下一个时代的伟大新幻象形成的时候,幽默似乎就快要完了。但实际上,它永远不会消失,它是战场上的唯一光明,它会从这战场上再起来,如理性的曙光一般。

与人为善,从多种角度来讲,也就是于己友善。人们已经厌倦了腥风血雨,厌倦了指桑骂槐,厌倦了人与人之间的指责与谩骂。现代生活中的幽默,也就是与人为善,它追求的是人与人之间的和谐发展与完善。我们来看下面的例子:

某人去面馆要碗番茄鸡蛋面,等了一个小时还没有端上来,一问,服务员尴尬地表示老板买番茄去了。于是这人幽默地说了句:幸好是买番茄哟,如果是栽番茄我岂不是惨啦。

又比如,现在不少年轻人喜欢说网语,康老师也学着上了网。可第一次上网聊天就惹出了个大笑话。他说起这些还有点不好意思,"我给自己取了个网名叫康乃馨,没想到一聊天,别人就叫我美女。我说我是帅哥,对方马上说我是情圣和偶像,我还很高兴。结果女儿一看马上让我下网,后来我才知道情圣和偶像都是网络语言,情圣是'情场上剩下的',偶像是'呕吐的对象'。"

幽默不同于滑稽、讽刺等。幽默必须与人为善,轻松、含蓄和机

第一章　幽默带来好人缘

智,不像讽刺带有愤怒色彩。比如两个人碰到一起了,某人对另一个人说:"好狗不挡道。"如果被说的人来个:"牛能过,你不能过?"这就是讽刺了,两人肯定要吵架。

世间所有的事,都离不开人与人之间的关系,如何才能指出人的缺点和不足,又能和谐相处,正是现代生活中的幽默所刻意追求的东西。

在音乐晚会上,一位著名的歌唱家正在演唱。这时,听众甲用颤音跟着唱起来。

"真扫兴!"邻座的听众乙愤愤地说。

"你什么意思?"甲问。

"这位歌唱家干扰了我欣赏您的歌喉。"

幽默的力量不会使你由矮变高,由胖变瘦。在悲伤的时候,它不一定能让你快乐起来。但是,它的确能够帮助你,帮助你笑对人生,轻松愉快而又不乏意义地生活。当你浑身充满幽默的力量,善作趣味思考的时候,你会发现你对自己的身高、体重或其他不让你满意的身体特征,变得容易接受。

有一位身材矮小的男教师走上讲台时,学生们有的面带嘲讽,有的交头接耳暗中取笑。

这位老师扫视了一下大家,然后风趣地说:"上帝对我说:'当今人们没有计划,在身高上盲目发展,这将有严重后果。我警告无效,你先去人间做个示范吧。'"

学生们哄然一笑,然后鸦雀无声。很显然,他们都为老师的幽默智慧所折服,忘记了他身材的缺陷。

幽默的力量能够帮你把生活变得健康、活泼,使得你的人生富有诗意。请看幽默专家们为自己设计的墓碑:

有一位著名的拳击家,死后其碑文为:你就是数到100下,我也不再

做一个大家都喜欢的幽默高手

起来。

某位名演员,临死前自题碑文为:从此谢幕,退居幕后。

一位曾以辩才闻名的律师,其碑文简洁有力:抗诉无效。

马克·吐温的墓碑上则写道:恕我不起来了。

幽默的力量还能帮助你以新的眼光去看你对经济的忧虑:如果你能努力去解决这个问题,那么你会觉得好些。

凭借幽默的力量,能使你的人际关系充满温暖与和谐,甚至得到陌生人的尊敬,这就是世界不能没有幽默的原因。

第二章　用幽默提升人格魅力

幽默来源于两个世界：一个是客观世界，一个是主观（内心）世界。当你把两个世界统一起来，并有足够的技巧去表现你的幽默力量，你会发现你具有超群的人格魅力。

这些具有幽默感的人，能独自应付任何困苦的窘境。我们或许不能像爱迪生那样超凡脱俗，但我们也可以时时去转动一把钥匙——幽默。用幽默来开放自己，使精神超脱尘世的种种烦恼；用幽默来增加活力，使生活多一点情趣；用幽默来令人难忘，同时给人以友爱与宽容；用幽默来使自身乐观、豁达——不仅仅如此，幽默还可以润滑严酷的现实机器，超越其他方法无法超越的限制。

◆ 智慧是幽默的"父亲"

智慧是幽默的父亲，乐观是幽默的母亲。幽默是智慧与乐观的结晶。

现代生活压力越来越大，欢乐似乎越来越少。这并不是人们对欢乐的渴求减少了，相反，人们越来越对欢乐表现出饥渴。人们需要幽默，以便活得更轻松更愉快。幽默不仅要使人发笑，还要有一定意味。

做一个大家都喜欢的幽默高手

1944年3月25日,富兰克林·罗斯福第四次连任美国总统。《先锋论坛》报的一位记者采访这位第32任总统,就他连任总统之事问他有何感想。罗斯福笑而不答,请记者吃一块三明治。记者觉得这是殊荣,很快就吃下去了。罗斯福请他再吃一块,记者觉得这是总统的恩赐,也就把它吃了。罗斯福又请他吃第三块,记者受宠若惊,虽然肚子已经饱了,但他还是硬着头皮吃下去了。罗斯福微笑着说:"现在已经不用回答您的提问了,因为您已经有了亲身的感受。"

幽默是一种智慧的体现。一个人只有广博的知识、深邃的见识,才能做到谈资丰富,妙言如珠。

本杰明·富兰克林曾积极地参与了《独立宣言》的起草,为争取黑人解放发表过演说,为建立美国的民主制度进行过斗争。他在指责一项有钱人才能有资格当选为议员的法律时说:"要想当上议员,就得有30美元。这么说吧,我有一头驴它值30美元,那么我就可以被选为议员了。一年以后,我的驴死了,我这个议员就不能当下去了。请问究竟谁是议员呢?是我,还是驴?"

真正的幽默,是机智百变,妙趣横生,让人在发笑之余忍不住琢磨,并且越琢磨越有味道,有茅塞顿开般的启悟。反之,就降格为插科打诨了,那种逗乐也不过如同伸手到人腋下。

一次,普希金宴请客人,在座的一位客人对他说:"亲爱的普希金,一望而知你的腰包是装得满满的!"普希金饶有风趣地回答:"自然我会比你阔气些!你有时候闹穷,必须等家里寄款给你,而我却有永久的进款,是从那32个俄文字母上来的。"

法国名人拿破仑,有一天到野外打猎,突然听见远处有人呼叫,他寻声走去,看见一人落水,正大声求救。拿破仑毫不犹豫地举起枪来,大声叫道:"喂!听好!你要是不爬上来,我就开枪打死你。"那个人听了，顿时忘记落水的危险，立刻使劲全力向岸边游去。上岸的第一句话就是："你不救我就算了，为什么还要开枪打死我？"拿破仑从容不迫地回答说："假如刚才我不吓唬你，你就不会奋力游上岸，又怎么能脱险呢？"

幽默的睿智并非只体现在能言善道上，而是传递了一种快乐、成熟的生活态度，掌握了它等于掌握智慧结晶，得到快乐的源泉。

美国政治家查尔斯·爱迪生（1890—1969年）在竞选州长时，不想利用父亲（大发明家爱迪生）的声誉来抬高自己。在做自我介绍时他这样解释说："我不想让人认为我是在利用爱迪生的名望。我宁愿让你们知道，我只不过是我父亲早期实验的结果之一。"

一天，有人问英国首相丘吉尔，做个政治家要有什么条件。丘吉尔回答说："政治家要能预言明日、下月、来年及将来发生的一些事情。"那个人又问："假如到时候预言的事情未实现，那么办？"丘吉尔说："那就要再说出一个理由来。"

◆ 自信是幽默的要素之一

丘吉尔有一次应邀到广播电台去发表演讲，不料半路上汽车坏了。他为了赶时间，连忙招了一部出租车，对司机说："送我到BBC广播电台。""抱歉，我没空"，司机说，"我正要赶回家收听丘吉尔的演说。"丘吉尔听了很高兴，马上掏出一把钞票给司机，并决定重新找一辆车。谁知司机接过钞票后非常高兴地对丘吉尔说："上来吧！去他×的丘吉尔！"丘吉尔听了也大笑起来，说："对！去他×的丘吉尔！"从被人推崇到被人戏骂，上下的落差不可谓不大，但丘吉尔基于自信，心平气和地接受了对方的"先捧后杀"，自己也乐于参加其中。

做一个大家都喜欢的幽默高手

幽默的人乐观开朗，常常是交际中的焦点。他们谈笑自如，没有足够的自信是做不到这一点的。一个有自信的人，除了不会在交际时怯场，还能在别人的打击下保持镇定。这些都是幽默必需的前提。一个幽默的人必定是一个自信的人，而一个自信的人未必是一个幽默的人。自信是幽默的要素之一，而幽默并非自信的要素之一。

安徒生很俭朴，戴着旧的帽子在街上行走。有个过路人嘲笑他："你脑袋上边的那个玩意儿是什么？能算是帽子吗？"安徒生幽默地回敬："你帽子下边的那个玩意儿是什么？能算是脑袋吗？"没有高度的自信，恐怕安徒生早就在他人的取笑中发窘，或者勃然大怒，哪能灵光一现，作一个绝妙的反击？

我们什么时候看到富有幽默感的人在人际交往中被动过？无论身处什么样的氛围，他们都能以高超的幽默技巧腾挪闪打、游刃有余。他们无疑是具有魅力的人。

◆ 幽默是一种积极豁达的人生观

俄国著名寓言作家克雷洛夫早年生活穷困。他住的是租来的房子，房东要他在房契上写明，一旦失火，烧了房子，他就要赔偿15000卢布。克雷洛夫看了租约，不动声色地在15000后面加了一个0。房东高兴坏了："什么，150000卢布？""是啊！反正都是赔不起。"克雷洛夫大笑。

阳光普照大地，无为无欲，却造就了自然界的勃勃生机。幽默的人，说出的某些话虽让人感到如憨似傻，但心地透明、心境豁达开朗。实质上，在那自嘲自谑或天真稚纯的话语中，我们感受到的是幽默者厚实的天性和无穷的智慧。

第二章 用幽默提升人格魅力

幽默能展示一种豁达的品格，豁达是对人性的肯定。亚里士多德就曾经说过："幽默发现正面人物在个别缺点掩饰下的真正本质。我们正是这样不断地克服缺点、发展优点，这也就是幽默对人的肯定的力量之所在。"

有小偷半夜去穷困潦倒的作家巴尔扎克家行窃，巴尔扎克惊醒后，对忙着到处找钱的小偷说："别浪费精力找钱了，我白天都找不到，你在晚上就更找不到了。"幽默显现了一种宽阔博大的胸怀。有幽默感的人大多宽厚仁慈，富有同情心。幽默不是超然物外地看破红尘，而是一种积极豁达的人生观念。

一群艺术家聚会，先是各自炫耀自己最近得了多少版税、有多少约稿应付不过来。再谈到京城房价之高，并不失时机地表露出自己的房子有多大。这时，有人看到一个诗人一言不发，便问诗人住在哪里？

诗人回答："我没有家。"

一个聚会者感叹说："唉，当今诗坛不景气，诗卖不到几文钱，成家很难啊！"

另一个插嘴："诗人太浪漫了，到处去找灵感，怎么能有'家'呢？"

诗人回答："在座都是小说家、音乐家、书法家，当然有家，没有人称呼诗人为'诗家'，所以诗人没有家是正常的。"

我们知道：心情沉重的人，肯定笑不起来；心中总是充满狐疑的人，话里肯定不会荡漾着暖融融的春意；整天牵肠挂肚的人，话里肯定也有着化不开的忧郁……只有心怀坦荡，超越了得与失的大度之人，才能笑口常开，妙语常在，话中总是带着对他人的关爱，带着对自己不失尊严的戏谑。

没有幽默感的人不会积极地看待这个世界，不会乐观地看待自己的

做一个大家都喜欢的幽默高手

生活。当然乐观不是盲目的,而是有所依据,是一种透彻之后的豁达。乐观地看待你的生活,幽默自然而生。

作为一个理智健全的人,特别是一个希望逐渐完备自己人格的人,要有点容人的雅量。雅量,是衡量一个人成熟与否、修养程度高低的重要标尺之一。当你手握足以致人哑口无言的把柄,身处高位,面对尖锐的批评逆语,你是否能够做到心平气和、豁达大度呢?

美国总统安德鲁·杰克逊曾经同本顿决斗过。本顿一枪击中了杰克逊的左臂,子弹一直留在里面近20年。到医生取出子弹的时候,本顿已经成了杰克逊热情的支持者。杰克逊建议将子弹归还本顿,但本顿谢绝接受。说20年的保管期,已使产权发生了转移,子弹的所有权当属杰克逊。而杰克逊说自从上次决斗到现在还只有19年,产权关系没有发生变化。本顿回答说:"鉴于你对子弹的特别照管——始终随身携带——我可以放弃这一年。"

《尚书》说:"必定要有容纳的雅量,道德才会广大;一定要能忍辱,事情才能办得好!"如果遇到一点点不如意,便立刻勃然大怒;遇到一件不称心的事情,就立即气愤感慨,这都表示没有涵养的力量。所以说:"发觉别人的奸诈,而不说出口,有无限的余味!"

应该承认,有些高贵品格是普通人毕生希望但仍不可能达到的;可人的雅量却完全能够通过修炼而得到,甚至可做到"随心所欲"的境界。不信?你有意识地试一试就行。

谁都难免与十分讨厌的人狭路相逢,尽管有人可以装作很随便的样子,竭力扮作潇洒样扬长而去。但很多有雅量的人,面对对方漠然的脸孔和布满疑惑的眼神,只会坦然地挨肩而过。这些人轻松地抹去了粗鲁的伤害与侮辱的阴影,用友好的阳光装满了雅量的酒杯,小抿一口,自是清香浓烈。当不期而遇的挫折、误解、嘲笑等迎面而来时,相信并依

第二章 用幽默提升人格魅力

靠个人的雅量吧，那是驱逐并能够战胜这一切烦恼和痛苦的忠实朋友。

能否拥有雅量，关键靠三点：一是平等的待人态度。不自认为高人一等，保持一颗平常心，平视他人，尊重他人；二是宽阔的胸襟。心胸坦荡，虚怀若谷，闻过则喜，有错就改；三是宽容的美德。能够仁厚待人，容人之过，"宰相肚里能撑船"，而不是斤斤计较，睚眦必报。由此看来，在雅量的背后，实际反映的是一个人的素养和品行。如今的一些人之所以难有雅量，除了外部环境的影响，更主要的原因还是在于以上几个方面的修炼不到家，素养与品行上尚欠火候吧。

◆ 提升领导魅力少不了幽默

美国历史上的许多重要人物，比如林肯、罗斯福、威尔逊等，都是幽默感十足的人。

一位从俄亥俄州来的乡绅，名叫白兰德，在谒见林肯总统之时，曾陷于难堪的窘境。

当他与林肯谈话的时候，有一队士兵来到总统府门外，列队站立，等待林肯总统训话。

林肯请白兰德一道出来，两人边走边谈，来到回廊之时，军士们齐声欢呼起来，一副官趋至白兰德面前，请他退下数步。此时林肯机智幽默地对来客说："白兰德先生，您得知道，他们有时也许分辨不出谁是总统呢！"

在那令白兰德难堪的一瞬间，林肯用了他善意的幽默，解救了来客。他只拿自己开了一个小玩笑，便使窘迫的局面化为一个会心愉快的微笑。使他的客人，代表一州民众和乡绅的白兰德，内心感到非常温暖，对林肯的敬意也油然倍增。

做一个大家都喜欢的幽默高手

谁都知道幽默的价值在于使人怡然自得，从而博得他人的好感。和林肯一样，许多领袖人物都以善于引人愉悦而著称于世，幽默已成为他们公认的领导方法之一。

有一位年轻人新近当上了董事长，上任第一天，他便召集公司职员开会。他自我介绍说："我是杰利，是你们的董事长。"然后打趣道："我生来就是个领导人物，因为我是公司前董事长的儿子。"参加会议的人都笑了，他自己也笑了起来。他以幽默来证明他能以公正的态度来看待自己的地位，并对之具有充满人情味的理解。实际上他委婉地表示了：正因为如此，我更要跟你们一起好好地干，让你们改变对我的看法。

人人都喜欢与幽默的人相处。在西方，没有幽默感，简直就是没魅力、愚蠢的代名词。运用幽默进行管理，管理者往往取得很好的效果。一些著名的跨国公司，上至总裁下到一般部门经理，已经将幽默融入日常的管理活动当中，并把它作为一种新的培训手段。幽默的领导者比古板严肃的领导者更易于与下属打成一片。有经验的领导者都知道，要使身边的下属能够和自己齐心合作，就有必要通过幽默使自己的形象人性化。

幽默能稳定集体的情绪，特别是一个集体正酝酿着一场冲突时。这时，恰到好处地说几句幽默风趣的话便能缓和紧张的气氛，使剑拔弩张的情绪平稳下来。

著名的挪威探险家图尔·赫伊叶尔达勒在为"野马号"挑选成员时，就十分注意他们是否有足够的幽默感。他曾经这样写道："狂暴的寒风、低沉的乌云、弥漫的风雪，但这与6个性格不同、主张不一的人组成的团队可能出现的威胁相比，只算是较小的危险。我们6个人将乘坐木筏，在汹涌的洋面上漂流好几个月。在这种条件下，开开有益的玩笑，说几句幽默的话，对我们来说，其重要性绝不亚于救生圈。"

英国前首相威尔逊与一个小孩有过一件趣事。

有一天，威尔逊为了推行其政策，在一个广场上举行公开演说。当时广场上聚集了数千人，突然从听众中扔来一个鸡蛋，正好打中他的脸。安全人员马上下去搜寻闹事者，结果发现扔鸡蛋的是一个小孩。威尔逊得知后，先是指示员工放走小孩，后来马上又叫住了小孩，并当众叫助手记录下小孩的名字、家里的电话与地址。

台下听众猜想，威尔逊是不是要处罚小孩子，于是骚乱起来。这时威尔逊要求会场安静，并对大家说："我的人生哲学是要在对方的错误中，去发现我的责任。方才那位小朋友用鸡蛋打我，这种行为是很不礼貌的。虽然他的行为不对，但是身为首相，我有责任为国家储备人才。那位小朋友从下面那么远的地方，能够将鸡蛋扔得这么准，证明他可能是一个很好的人才，所以我要将他的名字记下来，以便让体育大臣注意栽培他，使其将来成为我国的棒球选手，为国效力。"威尔逊的一席话，把听众都说乐了，演说的场面也更加融洽。

也许有人会说，威尔逊是小题大做、故弄玄虚。但不管怎样，他懂得从别人的过错中发掘长处，积极寻找建设性的建议，不仅让不愉快的事情随风而逝，还将坏事化为好事，帮助自己摆脱尴尬的境地，同时建立自己豁达从容的领导形象。

◆ 用幽默玩转职场

李明是一家日用品企业的经理，以前在做组长的时候，带领一个小团队，还能和大家打成一片。后来做了经理，很多管理层的人都跟他说，要建立自己的威信和影响力，平时工作严肃点，对下属不要太随

做一个大家都喜欢的幽默高手

便。于是他也试着,就事论事地认真按程序和规则来处理工作上的事情和员工的工作。但他感觉,团队变得死气沉沉,不苟言笑,他想让大家变得更加有活力一点,但是不知道如何把握活跃气氛的尺度。

其实,在工作中打破严肃,运用玩笑和幽默并不只是好玩的把戏,愉快的心情和提高生产效率是相辅相成的。如今竞争日益激烈,企业员工面临超乎寻常的压力。而运用轻松的气氛来进行管理,往往可以取得很好的效果。据美国针对1160名管理者的调查显示,77%的人在员工会议上以讲笑话来打破僵局;52%的人认为幽默有助于其开展业务;50%的人认为企业应该考虑聘请一名"幽默顾问"来帮助员工放松;39%的人提倡在员工中"开怀大笑"。

世界最大的零售企业沃尔玛(Wal-Mart)的创始人山姆·沃尔顿曾向他的员工们提出一个挑战——倘若员工们能在财政年度内实现创纪录的利润,那么,他将在华尔街上跳草裙舞。结果,员工们实现了不可思议的收益,沃尔顿先生真的穿着草裙当众在美国金融中心跳舞。

又比如开心幽默的气氛还可以化解在企业裁员过程中出现的各种阴郁气息。例如美国欧文斯纤维公司计划解雇40%的员工。该公司专门聘请了幽默顾问,利用两个月的时间对1600多名员工施行了幽默计划,在公司内开展了各种幽默活动。结果,在裁员过程中没有出现公司所担心的聚众闹事、阴谋破坏、威胁恫吓等可怕后果。

普天下的办公室都有一个通病:只要老板在现场,空气瞬间凝固,令人窒息。若要谈笑也只有老板自己敢谈笑。等到老板离开,空气顿时清爽多了,欢笑声四起,灵感时时迸发。这倒也不是下属个个偷奸耍滑,而是背后少了一双监视的眼睛,心情放松了。

其实,不论老板还是下属,都可以在平淡无奇的工作中制造一些令人开怀的事情。

第二章 用幽默提升人格魅力

比如，在给下属的批复文件中画一个笑脸，写上一句"辛苦你了！"保证让他铭记一生。又比如主管近来"表现"良好，在高层会议中维护同仁，为同仁争取权益，下属就可以在每天的工作报告中，夹着一张电脑打印的"奖状"，并告诉他"同仁们觉得主任近来表现良好，记嘉奖一次"。拍马屁吗？那有什么关系，哪个人不希望受到鼓励？而且偶尔拍拍马屁可以换来老板的青睐，何乐而不为？

无聊的公文中也会有好玩的事发生。有的私人机构没有外企的待遇，却喜欢学外企的样子，每天要下属写工作报告、交公文。有一次，在私企工作的张美梅要报销出差的交通费，照理老板该在主管栏签名，可是他却把名字签在"司机姓名"一栏中，张美梅拿回来看了大乐："老板当司机帮我开车耶！"

通常向公司要钱买东西很困难，下属越想买老板越反对，所以申请能"提升工作效率"的办公室设备大有诀窍。有个部门想买台小冰箱，申请时却被老板否决，过一阵子他们还是申请买冰箱，只不过在申请单的品项一栏里改写成："人工智慧温度调节器"，居然就过关了。同理可证，当你喝腻了三合一即溶咖啡包，想在部门里买一台咖啡机时，不妨就写"高效能热量流动系统"，成功的概率就大很多。

下属与主管意见不合时，通常主管会说："到底谁说了算？"想表现得温和一点的主管，不妨换个角度表态："你可以试试说服我，虽然可能只有我的上司办得到。"

主管对下属的信任可以用很多方式表达。一次有位主管急急忙忙未敲门就进了下属的办公室，没想到这位下属太累，居然在桌上打起瞌睡。他看到后的反应是："对不起，我打扰了你的工作习惯。"随后把门关上。一句幽默的潜台词。相信下属自有工作节奏，不在乎他们喝茶看报，只要能把事情做完。

| 做一个大家都喜欢的幽默高手

想要提高或挽救公司的业绩，疾言厉色往往适得其反，最好能比较有技巧地告诉下属："如果把图倒过来看的话，本季的业绩似乎不错。"或者："我们最近做的订单，是两个烧饼与六瓶可乐。"暗示大伙很久没出订单了。

在职场中生存不仅要严阵以待，有时更需幽默来点缀。幽默就是一门交际艺术，它可以让你保持轻松的心情，提高工作效率，甚至能在关键的时刻帮你渡过难关。不过，幽默的运用还必须讲究技巧，俗话说"一句话说得让人跳，一句话说得让人笑"。同样的目的，如果表达方式不同，造成的后果也大不一样。所以，你不妨向那些职场"开心果"们学习，他们特别擅长幽默，每次开口就像舞动一根金光闪闪的魔杖一样，苍白的办公室生活立刻会开出五颜六色的花朵来。

◆ 最难的境界是在逆境中幽默

1981年3月30日，当美国总统里根遇刺时，白宫新闻秘书詹姆斯·布莱蒂也受到了重伤，子弹从他的前额射入，鲜血直流扑倒在地，当时许多新闻机构都报道了他死亡的消息，因为没有人能相信，大脑受此重创的人还能活命。

但是，就在六年后，他竟然奇迹般地克服了半边大脑受损的行动不便，能够和妻子一同外出旅游，而且一如既往的幽默。当时，他对记者说的一段话让人记忆犹新：

"幽默感，使我能撑下来。厄运是会打击我，但它打不倒幽默感的那种深度！"

想一想，这幽默感究竟是什么？它是面对不同环境的积极的态度。第一次将英语"humour"翻译为"幽默"的是现代著名学者林语堂。

第二章 用幽默提升人格魅力

林语堂本身也是一个幽默大师,他曾经自嘲道:"人越老,梦越少。人生总是由理想主义走向写实主义之路。语云,婆儿爱钞,姐儿爱俏,爱钞就是写实主义,爱俏就是理想主义。这都是因为婆儿姐儿老少不同的关系。"

人们都希望自己的生活中能够多一些快乐,少一些痛苦,多些顺利少些挫折,可是命运总爱捉弄人、折磨人,总是给人以更多的失落、痛苦和挫折。

人生在世,谁都会遇到厄运,适度的厄运具有一定的积极意义,它可以帮助人们驱走惰性,促使人奋进。因此厄运又是一种挑战和考验。我们的生活因厄运变得丰富而多彩,我们的性格因坎坷而锤炼得成熟。厄运来临——与厄运挑战——在战斗中升华自己,这就是逆境与厄运的意义所在。

人生重要的不是拥有什么,而是经历了什么,任何坎坷的经历都是宝贵的人生财富。

英国哲学家培根说过:"超越自然的奇迹多是在对逆境的征服中出现的。"关键的问题是应该如何面对厄运与不幸。最难的境界是在逆境中学会幽默。要在逆境中学会幽默却相当不易……挫折,成功,失败,有几个人能看透?又有几个人能够做到从容?

逆境中的幽默让人心平气和,不急不怒,能让人仔细分析所处困境,理清思路,找出解决办法,顺利渡过难关。从心理学的角度来讲,不利局面下能保持幽默会给竞争对手以极大的心理压力,此时的幽默会让对手心惊胆战,不寒而栗。顺境中的幽默也可以让人心态平静,戒骄戒躁,让人看清鲜花丛中的荆棘,看到阳光道上的陷阱,使人头脑清醒,继续勇往直前。

假如我们的日常生活中多一点幽默,少几分呆板,是不是会增添

做一个大家都喜欢的幽默高手

生活的愉快和人们对生活的热爱？如果我们的工作中多一些幽默，少几分冷峻，是不是会减轻工作的重负、增进工作的热情？如果我们在思想政治工作中多一些幽默，少一些照本宣科，用幽默来创造一种融洽、轻松、和谐、友善的气氛，思想政治工作将会增加多少吸引力、说服力、凝聚力啊！

幽默是一种人生的高超境界。

第三章　谈吐幽默，拓展人际关系

　　世上难事千千万，最难的还是人际关系。人际关系一旦搞好，其他的难事也会变成易事，事情总归是人做成的，有了别人的帮忙，再难的事也会变得容易。而若一个人的人际关系恶劣，即使是很容易的事情也会搞砸，人际关系恶劣的人不仅得不到别人的帮助，还可能受到别人的故意刁难与打击。所以，人际关系的好坏，对一个人的事业发展与生活质量起着至关重要的作用。人际关系好的人，可以通过借力来达成目标；而人际关系恶劣的人，在实现目标的路上得到的只是阻力。

　　幽默不仅能给我们的生活带来笑声，带来欢乐，而且能拓宽我们的人际关系，增长才干，在人生的历程中获得成功。美国心理学家赫德·特鲁写过一本名为《幽默就是力量》的书。他认为，幽默是一种艺术，是运用你的幽默感来改善与别人的关系，并增进你对自己真诚的评价的一种艺术。

　　有幽默感的人，在人际关系上总是很成功。幽默所包含的特性是逗人快乐，所包含的能力是感受和表现有趣的人和事，制造愉悦的气氛。对于个人而言，懂得幽默的人往往比不懂幽默的人更具有吸引力和凝聚力。人们在生活中需要与人交往，在这时幽默就是心灵之间快乐的天使，拥有幽默就拥有爱和友谊，凡具有幽默感的人，所到之处，皆是一片欢乐和

做一个大家都喜欢的幽默高手

融洽。

有人说：笑是两人之间最短的距离。会心一笑，可以拆除心与心之间的戒备；超然一笑，可以化解人与人之间的隔膜；开怀一笑，可以放松身心——这就是幽默谈吐在人际交往中的巨大作用。

俗话说：良好的开端是成功的一半。在人与人之间的交往中，第一印象的好坏在很大程度上决定你们日后交往的程度与深度。人的第一印象来源于言、行与形象。这样的开场白直接决定了对方有没有兴趣和你继续交谈。

在刀耕火种的远古年代，血腥弥漫的狩猎与部落之间的战争随时都在上演。先民们手上经常拿着石块或棍棒等武器。他们遇见陌生人时，如果大家都无恶意，就要放下手中的东西，并伸开手掌，让对方抚摸手掌心，表示手中没有藏武器。这种习惯逐渐演变成今天的"握手"礼节。见面握手表示自己没有敌意，而见面若能带点礼物则更令人欣喜。有个礼物不用破费，叫作"幽默"。如果你能在与人见面时带上幽默作为礼物，给人快乐，人必会喜欢你、回馈你。通过给予和回报，双方在内心产生了无声的和谐共振，其沟通的途径是从你移动到我，再从我移向你。这样，谁付出的越多，得到的也就越多。

我们不妨来看看民国时代的语言大师们在上课时的幽默开场白。

刘文典教授在西南联大中文系任教时，其开场白颇为有趣。刘文典是著名《庄子》研究专家，他上课的第一句话是："《庄子》嘿，我是不懂的喽。"停了片刻，才继续下文："也没有人懂。"先贬后扬，固然自负，但却合乎实情。这种幽默以落差巨大而引人莞尔，有点类似于后来我们经常听到的"每人发支枪"，等大家高兴鼓掌之后再说"这是不可能的"。只是后者虽是幽默，却有失厚道。

民国奇人辜鸿铭，学贯中西，名扬四海，自称"生在南洋，学在西

第三章 谈吐幽默，拓展人际关系

洋，婚在东洋，仕在北洋"。辜鸿铭在辛亥革命后拒剪辫子，拖着一根焦黄的小辫给学生上课，自然是笑声一片，他也习以为常了，待大家笑得差不多了，他才慢吞吞地说："我头上的小辫子，只要一剪刀就能解决问题，可要割掉你们心里的小辫子，那就难了。"顿时全场肃然，再听他讲课，如行云流水，似天花乱坠。

章太炎老头子的学问很大，想听他上课的人太多，为了满足要求，干脆上一次大课。他上课架子很大，有五六个弟子陪同，如马幼渔、钱玄同、刘半农等，都是一时俊杰。老章国语不好，由刘半农任翻译，钱玄同写板书，马幼渔续茶水，可谓盛况空前。老章也不客气，开口就对台下黑压压的学生们说："你们来听我上课是你们的幸运，当然也是我的幸运。"幸亏有后一句铺垫，要光听前一句，那可真狂到天上去了。章太炎的幽默和辜鸿铭的幽默不同之处在于"贬"与"扬"的先后有别，但都殊途同归。不过，老头的学问也真不是吹的，满腹经纶，学富五车，他有资格说这个话。

以《边城》为代表作、把瑰丽的湘西活灵活现展现在人们眼前的沈从文，小说和散文都写得绝佳，还差一点得诺贝尔文学奖，可他的授课技巧却很一般，不单讲课"毫无系统"（学生汪曾祺语），而且湘西口音很重，声音又低。好在沈先生也有自知之明，上课前一开头就会说，"我的课讲得不精彩，你们要睡觉，我不反对，但请不要打呼噜，以免影响别人。"这么很谦虚而幽默的话，反倒赢得满堂彩。

启功是国学大师与书法泰斗，其上课的开场白也很有意思。他的第一句话常常是："本人是满族，过去叫胡人，因此在下所讲，全是胡言。"引起笑声一片。他的老本家、著名作家、翻译家胡愈之先生，也偶尔到大学客串讲课，开场白就说："我姓胡，虽然写过一些书，但都是胡写；出版过不少书，那是胡出；至于翻译的外国书，更是胡翻。"

做一个大家都喜欢的幽默高手

在看似轻松的玩笑中，介绍了自己的成就和职业，十分巧妙而贴切。

看了这么多可爱的文学大师的讲课趣事，莫说当时坐在台下亲耳聆听的众学生，就是今天的我们，也会发自内心地喜欢上这些可爱的、有趣的老头子。喜欢他们，就要学习他们，当然这种学习并不只限于上课时的开场白。我们可以将这种幽默风趣运用到生活与工作中去，用轻松与笑容感染每一个人。授人玫瑰，手有余香！你给了别人欢乐，别人会回赠你欢喜。

悦纳别人——这是与人沟通的一个重要途径，而幽默正是达到这个途径的捷径。

◆ 幽默可以助他人轻松面对失意

一个具有幽默感的人，能时时发掘事情有趣的一面，并欣赏生活中轻松的一面，建立起自己独特的风格和幽默的生活态度。这样的人，容易令人想去接近；这样的人，使接近他的人也感到轻松愉快的气氛；这样的人，更能增添人的光彩，丰富我们生活的社会，使生活更具魅力，更富艺术。

刚拿到驾照的表姐开车载小娟去逛街。在商场前的停车场里，表姐看看这个停车位说："太窄了，不好进车。"

看看那个车位又说："这个车位进去容易出来难。"

再找一个车位，她还是皱眉头："车位的角度不好，倒车有些困难。"

小娟见了，拍拍头叫道："我想起来了，距这儿两三公里有一个大停车场，绝对宽敞，公共汽车都能进出自如，要不我们就把车停那儿去，再打的回来逛街？"

第三章 谈吐幽默，拓展人际关系

表姐略带羞赧地笑了，终于不再紧张，在轻松的心情下将车缓缓倒进了车位。

幽默的用心是爱，而不全是讽刺。真正的幽默是从内心涌出，更甚于从头脑涌出。

早期的火车并没有空调设备，乘客又不能随意打开车窗，蒸汽车头的煤烟随时可能飘进车厢中，将每个人弄得灰头土脸。尤其在炎热的夏天，搭乘火车旅行，对当时的人们来说，真是苦不堪言的差事。就在这样一班炎夏的火车上，车厢中的每个乘客闷热难当，一阵阵汗臭飘在车厢之中，任谁也没有勇气去打开车窗，窗外是更要命的煤烟。

时间已过正午，当时餐车尚未发明，只有等待火车靠站时，向站台上的小贩购买午餐。

紧闭的车厢中，闷热加上饥饿，汗水和焦躁呈现在每个人的脸上，抱怨声此起彼落，车厢中又变得嘈杂纷乱。

突然，传来一声小女孩的尖叫："妈，弟弟咬我——"众人的神经不由得绷得更紧了，准备接受母亲连珠炮似的责骂声。

在一瞬间的沉静当中，只听到温柔的声音响起："喔，从你手臂上的齿痕看来，弟弟是真的饿慌了。再忍耐一下，等火车靠站，妈妈买东西给你们吃，好吗？"

车厢内霎时变得清凉了许多；乘客焦虑的脸上，也多了一丝丝笑容。

幽默不一定是令人捧腹的笑话，有时一个眼神、表情，一句简短的提醒，就能达到极度幽默的效果。好的幽默，带有温馨与关怀且令人微笑。也许你是个身居要职的官员，所以你不愿同看门老人一同笑；也许你是个博学之士，因而不欣赏智力平平的人。这实际上是你亲手切断了同这个世界的联系面，你的身份、地位对人性的需要毫无用处，当然，你也就失去了本应交往、接触的社会面。

用笑来面对日常生活中不快的小事情，负面情绪就会消失。借着笑的分享，你就可以把琐细的问题摆在适当的位置，它和你整个生活相比就显得很微小了。你也会因此提醒别人，这有助于他们轻松地面对失意，使他们重振精神。

当你在等待的时候，也可以创造幽默与他人共享。当你在超市的结账出口或银行大排长龙的时候，是和其他人一样等得焦躁不安、暴跳如雷，还是拿出幽默的力量与别人分享呢？

◆ 幽默要注意"度"

很多时候，我们托人办事或者求人谅解，对方总是不松口。这个时候，也许幽默是最好的润滑剂。笑其实表示对方对你的认可。笑过之后，还有什么不能沟通与谅解的呢？

笑是一株能结出丰盛果实的树，也许有人会问：哪些话容易形成幽默，给人带来笑声呢？

幽默最简单的表现方法就是令人惊奇地发笑。康德所讲的"从紧张的期待突然转化为虚无"，正是幽默常常能造成出人意料的奇因异果。例如，爸爸对儿子说："牛顿坐在苹果树下，忽然有一个苹果掉下，落在他的头上，于是，他发现了万有引力定律，终于成为一个科学家！""可是，爸爸，"儿子从书堆中站了起来，"如果牛顿也像我们这样每天放学了还坐在家里埋头看书，会有苹果掉在他头上吗？"本来爸爸是讲牛顿受苹果落地的启示，但儿子却冒出一句含有不应该埋头读书的结论，真是出乎意外，超出常理。儿子的话新奇怪异，大大出乎意料，所以能引来别人的笑。相信故事中的爸爸在笑过之后，对于自己的

第三章 谈吐幽默，拓展人际关系

教育方式会有所反思。

幽默就是要能想人之未想，才能出奇致笑。有人说："第一个把女人比喻成花的是智者，第二个把女人比喻成花的是傻瓜。"这句话似乎有点偏激，但新奇、异常的确是构成幽默的一个重要因素。

运用幽默的核心是有使人赞叹不已的巧思妙想，从而产生令人欣赏的欢笑。俗话说："无巧不成书。"巧可以是客观事实上的巧合，但更多的是主观构思上的巧妙。巧是事物之间的某种联系，如果能在别人没有想到的方面发现或建立某种联系，并顺乎一定的情理，就令人赏心悦目。

比如说，老师："小明，你们在班上用得最多的三个字是什么？"小明："不知道。"老师："回答得完全正确。"这是一则很值得回味的致笑力很强的幽默小品。你可以笑老师的糊涂：小明说不知道，这是他在告诉老师不知道老师的问题的答案，老师为何还说他正确？你也可以这样理解自己笑的原因：小明回答得歪打正着，他的"不知道"正巧合了答案"不知道"，老师则将错就错、移错为对，倒是一种幽默机智的裁定方式。你也可以这样认为：我之所以发笑，因为我此时此刻从"不知道"这一个语形上双关到小明的不知道与"不知道"那三个字这么两种性质截然不同的情景，即由双关心理而发笑。其实，怎么发笑都是有理由的，因为这个幽默本身就是一种"巧"的构成，本身就赏心悦目，我们可以从多角度分析，有多种取向。当然，这里有一个层次深浅的问题。

接下来的两个故事也是以回答巧妙而产生幽默效果的：某学生的英语读音老是不准，老师批评他说："你是怎么搞的，你怎么一点都没进步呢？我在你这个年纪时，已经读得相当准了。"学生回答："老师，我想原因一定是您的老师比我的老师读得好。"

做一个大家都喜欢的幽默高手

学生参加一次考试，老师问他："你是愿意答一道难题，还是愿意答两道简单的题？"学生答："还是答一道难题吧。""好，请你回答：粮食是怎么来的？""超市买来的。""那么超市的粮食又是从哪来的呢？""对不起，老师，这已经是第二道题了。"

幽默的内容往往要含有使人忍俊不禁的荒唐言行，使人情不自禁地发笑。俗话说："理不歪，笑不来。"荒谬是人们认为明显不应该存在的东西，然而它居然展现在我们面前，不能不激起我们心灵的震荡，从而发笑。张三的女儿周岁那天，有上门祝贺的朋友开玩笑说闺女长大了给他儿子做老婆，两家结成儿女亲家算了。指腹为亲在新时代当然已经只是一种玩笑而已，当不得半点真，张三答应下来无伤大雅，粗暴拒绝则有看不起对方之嫌。但张三居然巧妙地拒绝了，他说："不行不行，我女儿才1岁，你儿子已经2岁了，整整大了一倍，将来我女儿20岁，你儿子就40岁了，我干吗要找个老女婿！"

风平浪静的水面，投进一块石头，就会发出响声。常规思维的心理，被超常的信息搅扰，也会引起心波荡漾、心潮起伏、心花怒放。奇异、巧妙、荒谬就是这种超常的信息，就是幽默致笑的要因，也是我们学会幽默应把握的要诀。

我们说幽默的形式有多种多样，既有愉悦式幽默、哲理式幽默，也有解嘲式幽默、讥讽式幽默。为了达到幽默的礼仪效果，对同志、对朋友宜多用愉悦式幽默和哲理式幽默，对自我、对友人也可根据情况适当运用解嘲式幽默，对待敌人、恶人则要用讥讽性幽默，以便在幽默讥讽中，给对方以鞭挞。

生活中幽默的使用还必须根据具体情况具体分析，尤其是对于长辈、女性、初次相识的人，幽默一定要慎用。同时，幽默要注意"度"，一旦过了头，就可能被对方误解为取笑与讥讽而造成不愉快。

◆ 适度"自嘲",可以活跃气氛

很久未见的一对青年男女,意外在街角邂逅。他们曾经是恋人,后来因为各种原因分了手。他们决定去一家咖啡厅里坐坐。

在等待咖啡端上来的时间,也许是要说的话太多却不知从何说起,双方出现了短暂沉默。这时,男的问:"你搅拌咖啡的时候用右手还是左手?"

女的答:"右手。"

男的说:"哦,你好厉害哦,不怕烫,像我都用汤匙的。"

一句玩笑,场面顿时活跃起来了。他们开始谈现在,过去,以及过去的过去……

当气氛陷入呆滞时,生涩的沟通链条上适用的最佳润滑剂叫"幽默"。

在一次有关产品开发方向的会议中,火爆的争论之后陷入冷场的僵局,主持会议的王经理忙说了一句:"怎么突然停电了?"短暂"停电"的各位与会人员听了,皆莞尔一笑,于是继续各抒己见。

幽默是活跃谈话气氛的法宝,它能博得众人的欢笑。人们在捧腹大笑之际,超脱了习惯、规则的界限,享受不受束缚的"自由"和解除规律的"轻松",接下来的沟通自然会轻松愉快。

很多时候,那些相敬如宾毕恭毕敬的夫妻未必就没有矛盾,而平日吵吵闹闹的恋人可能会更亲热。社交也是如此,若彼此谈得开心,开句玩笑,互相攻击几句,打一拳、拍两下,反倒显得亲密无间、无拘无束。

做一个大家都喜欢的幽默高手

和朋友久别重逢后不免寒暄一番,你完全可以借此幽默一把。例如见到一个戴了帽子的朋友,你可以用羡慕的口气对他说:"老兄你真的是帽子向前,不比往年啊。"轻松幽默的高帽子立马使气氛变得异常活跃,友情也会加深一层。

社交需要庄重,但长时间保持庄重气氛就会使人精神紧张。寓庄于谐的交谈方式比较自由轻松,在许多场合都可以使用。用幽默、诙谐的语言,同样可以表达较重要的内容。

交谈中,不时穿插一些意想不到的、貌似荒谬而实则有意义的问题,是一种很好的活跃气氛的形式。那些一本正经的人会给人古板、单调、乏味的感觉,也会把交谈变得索然无味。也许会有人问你一些荒谬的问题,如果你直斥对方荒谬,或不屑一顾,不仅会破坏交谈气氛、人际关系,而且会被人认为缺乏幽默感。因此,答非所问,是一个极好地解决这类问题的办法。

在相声里,悬念是相声大师的"包袱"。交谈中有意制造悬念,会使人更加关注你的一举一动。当大家精力集中、全神贯注时,你抖开"包袱",让人们发觉这是一场虚惊,大家都会付之一笑,报以掌声。

运用反话正说的方法,重要的一点在于处理好一反一正的关系。在交谈中,准备对对方进行否定时,却先来一个肯定,也就是在表达形式上,在肯定的形式中巧妙地蕴藏着否定的内容。正说时要一本正经,煞有介事,使对方产生听下去的兴趣。然后,再以肯定的形式抖出反话的内容,与原先说的正话形成强烈的对比,从而产生鲜明的讽刺意味,让人信以为真,提高谈话的效果。

反话正说能引人入胜,正话反说也颇意味深长。正话反说,就是对某一话题不作直接的回答或阐述,却有意另辟蹊径,使它和正话正说殊途而同归。这样可以避免正面冲突,含蓄委婉,入情入理,收到一种出奇制胜的劝谕和讽刺效果。有时正话反说的曲折手法，可使人们在轻松的情境中相互沟通，使紧张的局面得到缓解。

自我解嘲，顾名思义就是自己嘲讽自己，调侃自己，这也是正话反说的一种。它是一个人心境平和的表现。它能制造宽松和谐的交谈气氛，能让自己活得轻松洒脱，使人感到你的可爱和人情味，从而提高对你的评价。美国一位身材肥胖的女士曾经这样自我解嘲："有一次我穿上白色的泳装在大海里游泳，结果引来了苏联的轰炸机，以为发现了美国的军舰。"引得听众哈哈大笑。结果，肥胖成为她的特点，使她在社交中处于优势。在交谈中，适时适度地"自嘲"，调侃一下自己往往会收到妙趣横生、意味深长的效果。

◆ 别人的幽默要学会欣赏

幽默力量使得给予和获得的双方承认共同的问题，使人站在对方的立场上来看待事情。我们若不能领略别人的幽默对我们有所贡献，也就不太可能以自己的幽默来激励别人。为了表现我们重视别人带来的好处，就要与人一同笑。

有时候一句广告就可以表现幽默力量。例如：小吃店门口写上"不好吃不要钱"，或者"一碗牛肉面，力拔山河气盖世"，或者"本店征求顾客，无须经验"；顾客看到这样的广告，会先对这家小店表示好感，吃起来也格外觉得好吃。

某地旅游公司在做广告时，不仅没有"王婆卖瓜——自卖自夸"，反而郑重列举出在本地旅游有十大"危险"，警告游客：

一、当心吞下舌头或胀破肚子，因为这里的食物过于美味。

二、当心晒黑皮肤或脱几层皮，因为这里的海滩过于迷人。

做一个大家都喜欢的幽默高手

三、当心潜在海底太久而忘了上来换气,因为这里的海底生物太令人惊讶着迷。

四、当心闪存内存太小不够用,因为这里的山川景色美不胜收。

五、当心登山临渊累坏您的身体,因为这里的山青水碧,使人流连忘返。

六、当心坠入爱河不能自拔,因为这里是谈情说爱、欢度蜜月的世外桃源。

七、当心买的东西太多不易带,因为这里的物价太便宜。

八、当心被这里的豪华酒店、宾馆宠坏,因为这里的服务太体贴入微。

九、当心与本地所有的人都交上朋友,因为他们太友善好客。

十、当心乐不思蜀,不愿归去。

该公司把这些言论编成小册子,大量印刷,免费赠送。"危言耸听"的广告宣传,使得游客们个个跃跃欲试,都希望早点到这个"危险"的地方去饱受"恐怖的折磨"。垃圾车上也会标示着"保证满意,否则加倍奉还垃圾"。

美国音乐指挥家斯托科夫斯基经常光顾一家小饭馆;老板每天都用好饭好菜招待他,却不肯收他的餐费。

一天,他忍不住问老板:"你为什么对我这么客气?我又不是付不起饭钱。"

老板说:"我非常尊崇音乐,不在乎您的饭钱。"斯托科夫斯基听了很感动。可是,当他走出饭馆,却发现橱窗里挂着一块广告牌,上面写着:

"请到本餐厅和伟大的音乐指挥家斯托科夫斯基共进早餐、午餐和晚餐。"

第三章　谈吐幽默，拓展人际关系

也许他人以其幽默力量能为我们做的最重要的事，是帮助我们消除因工作而带来的紧张，驱逐挫折感，并解决问题。

罗氏一家人专门从事危险行业，就是用炸药毁坏建筑物。当然我们可以理解他们做这一行工作，心理上会有多么紧张。但是罗氏一家人用幽默力量来消除紧张——常和当地记者聊天，说些荒谬的故事。

有一次就在大爆破工作之前，新闻记者问他如何处理飞沙和残砖。罗先生一本正经地解释道：

"我们向生产三明治包装袋的公司订制了一个特大号的塑胶袋，然后直升机在大楼上空把它扔下来。"

记者为这虚构的笑话笑弯了腰。而第二天罗氏兄弟从报上读到这一则新闻时，也爆出阵阵笑声而缓解了紧张的心情。

荒谬的故事也能因其趣味增进个人工作的价值而驱逐挫折感。两位保险公司业务员的例子可以说明这一点。

两位保险员争相夸耀自己的保险公司付款有多快。第一位说，他的保险公司十次有九次是在意外发生当天，就把支票送到保险人手里。

"那算什么！"第二位取笑说："我们公司在李氏大厦的23楼。这栋大厦有40层高。有一天我们的一个投保人从顶楼跳下来，当他经过这23楼时，我们就把支票交给他了。"

第四章　巧解冲突尴尬的幽默艺术

在人际交往中，凡具有幽默感的人，所到之处，皆是一片欢乐和融洽的气氛。"所谓幽默，是到了口的肥鸭竟然飞了而且还一笑置之。"可是有很多人都在心疼那只飞走的鸭子。缺乏幽默感的人往往内心浮躁，在广场街头因磕磕碰碰而大打出手的场景屡见不鲜。而英国作家萧伯纳有一次被人撞翻在地，爬起来却对那个连声道歉的青年说："先生，很可惜！你的运气不好，你如果把我撞死了，你就可以名扬四海了！"

有一年愚人节，美国一家报纸的玩笑开大了，竟说正活得健康滋润的马克·吐温去世了！这不眼瞅着要闹风波吗？可是马克·吐温本人却出面安慰报社的总编和社长，说你们的报纸说我死了是千真万确的，只不过是把日子提前一点罢了。

在无法避免的冲突中，是拍案而起、横眉怒目，还是幽默应对、举重若轻？有一天，歌德在公园散步。在一条只能走过一个人的要道上，他迎面遇到了一个曾经对他的作品提过尖锐意见的批评家。这位批评家高声喊道："我从来不给傻瓜让路！""而我恰恰相反！"歌德边说边笑着让开了道路。幽默高手的高明在于即使狭路相逢，也不像通常人那样让心灵被怒火烧得扭曲起来，而是仍然保持相当的平静。在对方已感到别无选择时，幽默高手仍然有多种多样的选择。

当人际交往的齿轮被摩擦得发涩时，幽默的作用就是使齿轮不致被碰撞得火星四溅，伤痕累累。"二战"期间，英国首相丘吉尔来到华盛顿，游说美国加入反法西斯同盟。一天早晨，他泡在浴盆里抽雪茄，肥大的肚皮露出水面。这时美国总统罗斯福走了进来。两位大人物如此相见，有些尴尬。丘吉尔说："总统先生，我这个英国首相在您面前可是一点隐瞒都没有了。"宾主双方相视一笑。丘吉尔以寥寥数语化解了尴尬的场面，并为两人以后的会谈营造了良好的气氛。除了政治家，普通人也同样具备幽默感。一对新婚夫妇走向洞房，见到门口贴着"新婚指南"，写着：第一条，太太永远是对的；第二条，如果太太错了，请参阅第一条。

◆ 让尴尬在笑声中冰释

小李走在街上，看见前面有个人很像他的朋友，上前重重拍了一下他的肩膀，才发现自己认错了。

"对不起，我以为你是我的朋友老王。"小李不好意思地说。

"即使我是老王，你也不该拍得那么重呀！"那人摸着生痛的肩膀咕哝道。

"这话就不对了，我拍老王一下，轻重跟你有什么相干呢！"小李见对方有些生气，忍不住幽默了一下。果然，对方哈哈大笑。

小李因为误会错拍了对方，连忙道歉，这本身并无幽默之处，幽默之处就在于他巧借了对方的一声埋怨当前提形成与常理的强烈反差。实际上，小李事先承认自己拍错人了，但听到对方的抱怨之后便改口声称自己拍的是老王，而不是别人，面对这样一个幽默的人，对方还能发作

做一个大家都喜欢的幽默高手

得起来吗?

尴尬在笑声中冰释,皆大欢喜的结局对谁都没有坏处。带着微笑看人生,人生的苦恼不是会减少许多吗?

张经理中年谢顶,在一次重要酒会上,他所宴请的客户方的一个小伙子在敬酒时不小心洒了一点啤酒在张经理头上,张经理望着惊慌的小伙子,用手拍了拍对方的肩膀说:"小老弟,用啤酒治疗谢顶的方子我实验过很多次了,没有书上说的那么有效,不过我还是要谢谢你的提醒。"

全场顿时爆发出了笑声。人们紧绷的心弦松弛下来了,张经理也因他的大度和幽默而颇得客户方的赞许。张经理用他的幽默,巧妙地处理了宴会中的杂音,完成了既定的目标。

马克·吐温心不在焉的毛病是很出名的。一天,马克·吐温外出乘车。当列车员检查车票时,马克·吐温翻遍了每个衣袋,都没有找到。

这个列车员认识他,就对马克·吐温说:"没有什么大关系,如果实在找不到,就补一张吧。"

"补一张?说得轻巧!如果我找不到那张该死的车票,我怎么知道我要到哪儿去呢!"

马克·吐温的一席话,既活跃了气氛,又为自己找不到车票作了一个巧妙而又合理的解释:是健忘而非故意逃票。

有一位女歌手举办个人演唱会,事前举办方做了大量的宣传,但到了演出的那天晚上,到场的观众不到一半。女歌手没有面露失望的表情,相反,她镇定地走向观众,拿起话筒,面带微笑地说道:"我发现这个城市的经济发展迅速,大家手里都很有钱,今天到场的观众朋友每人都买了两三张票。"全场爆发出了热烈的掌声。第二天的许多媒体娱乐版的报道,也纷纷为这位歌手的豁达和幽默叫好,为女歌手树立了良好的形象。

无独有偶。一位著名的歌手参加一个大型露天晚会。她在走上舞台时，不慎踢到台阶突然摔倒。面对这种情况，如果什么也不说就站起来，就会给全场观众留下不好的印象，但她急中生智，说道："看来这个舞台不是一般人都能来的，门槛真高呀！"大家都笑了，她更是保持了自己的风度，巧妙地借幽默摆脱了尴尬。

谁没有过尴尬的时候呢？面对尴尬，你一定要镇定机智，不能阵脚大乱，要利用自己的聪明才智说上几句幽默的话，帮你走出困境，解除窘相，树立自信。

首先要镇定，千万不要为窘境而惊慌失措。在这样的窘境中，主要是面子上过不去，自尊受到别人的伤害。所以首先要勇敢面对，镇定自若，寻找反击或解脱的方法，打破自己的处境。

其二要对对方的话语或情景作分析，迅速地找到受到窘境的原因，然后作出想象的、荒谬的解释，巧妙消除对方的攻击，或对窘迫处境作超常逻辑的解释，使众人和你一起分享快乐和轻松。

◆ 尴尬中的幽默技巧

在交际过程中，难免会遇到一些尴尬的事情，让气氛骤然紧张、难堪，学会给对方一个"台阶"下，不仅缓和了对方的紧张心理，让事情得以顺利发展，而且让彼此的关系得到进一步的增进。要达到这样的目的，我们不妨学习使用以下的三种技巧。

1. 变换谈话的气氛

在一个严肃的场合，在场者常常会被一两件突发事件搞得哄堂大笑，这严重破坏了严肃场合的庄重气氛，不利于活动的继续推进。面对

做一个大家都喜欢的幽默高手

这类突发事件,我们应当表现出较强的自制能力,尽量不受其影响,然后拿出一如正常状态下的严肃态度来应付此事,使之成为正常环节中的普通一环。

第二次世界大战期间,一位德高望重的英国将军举办一次祝捷酒会。除上层人士之外,将军还特意邀请了一批作战勇敢的士兵,酒会热烈隆重。没料想一位从乡下入伍的士兵不懂席上的规矩,捧着面前的一碗供洗手用的水喝了,顿时引来达官贵人、夫人小姐的一片讥笑声。那位士兵一下子面红耳赤,无地自容。此时,将军慢慢地站起来,端着自己面前的那碗洗手水,面向全场贵宾,充满激情地说道:"我提议,为我们这些英勇杀敌、拼死为国的士兵干了这一碗。"言罢,一饮而尽,全场为之肃然,气氛一下变了过来。少顷,人人均仰脖而干。此时,士兵们已是泪流满面。

2. 变换话题的角度

在许多情况下,面对尴尬下不了台是因为思维框定在正常的状态之中,这对事态的发展毫无作用。如果我们换一种角度对其尴尬的举动作出巧妙、新颖的解释,便可使原本的消极举动具有了另外的内涵和价值,成为符合常理的行动。

有一次全校语文老师来听王老师讲课,校长也光临"指导",这下可使小王犯难了。他既怕课讲得不好,又担心有的学生回答时成绩不佳,有失面子。

课上,他重点讲解了词的感情色彩问题。在提问了两位同学取得良好效果后,接着提问校长公子:"请你说出一个形容×××美丽的词或句子。"

或许是课堂气氛紧张,或许是严父在场,也可能兼而有之,这位公子一时为难,只是站着。

第四章　巧解冲突尴尬的幽默艺术

空气凝固。王老师和校长都现出了尴尬的脸色。很快，这位老师便恢复正常，随机应变地讲道："好，请你坐下，同学们，B同学的答案是最完美的，他的意思是这个人的美丽是无法用文字和语言来形容的。"

听课者都发出了会心的微笑。

3. 变换对方的处境

突然间发现别人的失误或错误行为，但当这些行为不会导致重大的损失出现时，我们应尽量克制自己的情绪，以平静如常的表情和态度装作不解对方举动的实际意图和现实后果，并且给对方找到一个善意的动机，变换对方的处境，让事态的发展朝自己所希望的方向推进，以免把对方逼到窘迫的境地。

一天中午，汪老师路过学校后操场时，发现前两天帮助搬运实验器材的几位同学正拿着一枚实验室特有的凸透镜在阳光下作"聚焦"实验。他想：他们哪来的透镜？难道是在搬运时趁人不备拿了一枚？实验室正丢了一枚。是上去问个究竟，还是视而不见绕道而去？这时，一位同学发现了他，其余的慌忙站了起来，手拿透镜的同学显得很不自在。汪老师从同学们慌张的神情中可以进一步判断这透镜的来历。当时的空气就像凝固了似的。汪老师快速地构思，终于想出一条处理办法，他笑着说："哟，这枚透镜原来被你们找到了？"凝固的空气开始流通。接着他用略带感激的语调补充道："昨天我到实验室准备实验器材，发现少了一枚透镜，以为是搬运过程中丢失了，沿途找了好几遍都未能找到，谢谢你们帮我找到了这枚透镜。这样吧，你们继续实验，下午还给我也不迟。"同学们轻松地点了点头，空气依旧是那么温暖，那么清新。

◆ 不满的话幽默地说

如果你在餐厅点了一杯啤酒，却赫然发现啤酒中有一只苍蝇，你会怎么办？英国人会以绅士的态度吩咐侍者："请换一杯啤酒，谢谢！"西班牙人不去喝它，留下钞票后不声不响地离开餐厅。日本人令侍者去叫餐厅经理来训斥一番："你们就是这样做生意的吗？"沙特阿拉伯人则会把侍者叫来，把啤酒递给他，然后说："我请你喝……"德国人会拍下照片，并将苍蝇委托权威机构做出细菌化验，以决定是否将餐馆主人告上法庭。美国人则会向侍者说："以后请将啤酒和苍蝇分别置放，由喜欢苍蝇的客人自行将苍蝇放进啤酒里，你觉得怎么样？"美国人的这种处理方式既幽默，又能达到让人接受的目的。

一位顾客在某餐馆就餐。他发现服务员送来的一盘鸡居然缺了两只大腿。他马上问道："上帝！这只鸡连腿也没有，怎么会跑到这儿来呢？"

一位车技不高的小伙子，骑单车时见前边有个过马路的人，连声喊道："别动！别动！"

那人站住了，但还是被他撞倒了。

小伙子扶起不幸的人，连连道歉。那人却幽默地说："原来你刚才叫我别动是为了瞄准呀！"

像以上三个例子，我们在日常生活中会经常碰到。有了幽默、洒脱的态度，矛盾被巧妙地化解掉了。这里的可喜之处，并不是回避、无视生活中出现的矛盾，而是以幽默的方式展示一种温和的批评。设身处地地想想，你被骑车人撞倒了，还有心思与肇事者开个玩笑，这修养，

第四章 巧解冲突尴尬的幽默艺术

不知要多少年的火候才能修炼出来。也许，这些故事都是人们编造出来的，但这又何尝不是人们对人与人之间充满爱心的境界的一种呼唤呢！

另一则颇有生活情趣的小幽默，发生在一对好朋友之间。

张三去好朋友李四家做客，李四做了一条鱼招待张三。张三吃了一口之后，对鱼轻轻地说着什么，然后将耳朵贴近鱼的嘴巴。

李四为张三怪异的举动而不解，就问道："你刚才在做什么呀？"

张三回答："我在和鱼谈话。"

李四："和鱼谈话？"

张三："是的，我向它打听一下海里最近的新闻。"

李四来了兴趣："噢？它怎么答复你的？"

张三："它说：'很抱歉，我已经离开海很久了！'"原来，张三是嫌李四用不新鲜的鱼待客。

哈哈哈哈……宾主双方大笑，桌面上下洋溢着一片欢乐的气氛。

◆ 用幽默摆脱两难的窘境

在人际交往中，有时候我们会面临两难的境地，进会伤及交际对象，退则有损自身利益或形象。这个时候最考验一个人的交际水平，一着不慎，就会弄得灰头土脸、里外不是人。

1879年印度亲王哈耶访问英国时，英国政界要人兹比格曾在自己家中设宴招待他。

席间，兹比格评论道："印度人和英国人有一点是相同的，都认为自己的文明高于别人。"

哈耶回答道："我们这样说吧，"他停了一停，然后说，"在南亚，印度菜最好；在欧洲，英国菜最好。"

做一个大家都喜欢的幽默高手

兹比格的评论看似褒奖印度和英国,但实际上充满了挑战的味道。道理很简单:两国都认为各自的文明要高于别人,那么这两国必然有一个高下之分。话虽不多,却把亲王哈耶逼到了一个两难的境地:如果赞成兹比格评论,虽然肯定了对方的话,但难免陷入英印之间文明的高低之争,而无论争论的结果如何,对于政治人物之间的会晤来说都是一场尴尬。如果哈耶不赞成兹比格评论,他除了妄自菲薄承认印度不认为自己文明高于别人之外,只有"为国家荣誉而战"而贬低英国——这两种后果都是作为一个外交访问的亲王所不愿看到的。

可以设想,一般人如果遇到这种场面,确实够为难的。而哈耶则先以"我们这样说吧"为开头,对兹比格的话不作正面回答,轻轻一转,就避开了兹比格的话锋。言外之意是,我既不同意你的看法,也不反对你的看法,我有另外的看法。仅此一句,就使说话者的自得之意立即消失,而使自己由被动变为主动。

紧接着,哈耶又一停,逼听话者急于想知道他到底想讲什么,不仅牵住了听者的注意力,而且加重了即将说出的后半句的分量,然后他说:"在南亚,印度菜最好;在欧洲,英国菜最好。"答话出人意料,又在情理之中,特别是由于默语所产生的时间效应,巧妙地把印度人和英国人分开,根本不承认二者具有同一特点,这就使兹比格一概而论的武断批评不能成立。并且"在南亚,印度菜最好;在欧洲,英国菜最好"这样一个公认的,谁也不能否认的事实,委婉而又有力地证明:印度和英国的文明,确实有公认的高于别人之处。

哈耶的幽默,一方面维护了本国的形象,做到了作为一个亲王所应尽的职责,另一方面也避免了让对方难堪、窘迫,使宴会仍能保持友好的气氛。

摆脱两难时用幽默的例子很多,比如一位书法颇佳的皇帝问一个著名的书法家：寡人与你的书法，谁高谁低？与我们上面谈及的英国政要的话一样，同样是将对方逼入两难境地。书法家回答皇帝的书法水平高，不仅有损于自己的声誉——这还不说，还有"逢迎"之嫌：明明自己是声名远扬的大书法家，却硬要屈尊于皇帝之下。而他若回答皇帝的书法水平比自己低，能有好果子吃？毫无疑问，在这种情况之下，任何生硬的、直接的回答都会让回答者置身不利局面。好在这位书法家也是一个幽默高手，他回答："在皇帝当中，陛下的书法水平最高；在臣民当中，不才的水平最高。"短短的一句话，将皇帝的左拳和右拳躲避开来，优雅而又潇洒地站在皇帝攻击的圈外。

从以上的两个例子我们可以看出，摆脱两难时的幽默，关键就是要将"敌我"双方的交战平台拆了，找出两者之间的不同，重新划分各自的"势力范围"。这样，两者之间没有交战的平台，还谈什么较量？你比我高，你就去和身高的人比，我和矮子比；你比我胖，你就去和胖的人比，我和瘦子比；你比我年长，你就去和年长的人比，我和年轻的人比……划分的方法在你的嘴里，总有一种划分方法适合你和你的"敌人"。

◆ 拒绝他人的幽默技巧

有一个字，人人都常说，却没有一个人爱听。这个字叫"不"。虽然没有人爱听"不"，但人人都"不得不"在某些场合与境地说"不"。

如何既说出"不"，又能让人欣然接受？

美国总统富兰克林·罗斯福在就任总统之前，曾在海军部担任要职。

做一个大家都喜欢的幽默高手

有一次,他的一位好朋友向他打听海军在加勒比海一个小岛上建立潜艇基地的计划。

罗斯福神秘地向四周看了看,压低声音问道:"你能保密吗?"

"当然能。"

"那么,"罗斯福微笑地看着他,"我也能。"

罗斯福采用的是幽默含蓄的拒绝艺术,表现了罗斯福为人处世的高手风范。他在朋友面前既坚持了不能泄露的原则立场,又没有使朋友陷入难堪,取得了极好的语言交际效果。以至于在罗斯福死后多年,这位朋友还能愉快地谈及这段总统轶事。相反,如果罗斯福表情严肃、义正词严地说"不",甚至心怀疑虑,认真盘问对方为什么打听这个、有什么目的、受谁指使,岂不是小题大做,结果必然是两人之间的友情出现裂痕甚至危机。

在一个酒吧里,两个陌生的青年男女的对话如下——

男:我可以为你买一杯饮料吗?

女:谢谢,我已经有了一杯。

男:你能把你的名字给我吗?

女:你不是已经有了一个名字吗?

男:我是摄影师。我一直在寻找一张像你这样的脸。

女:我是整形外科医生。我也一直在寻找一张像你这样的脸。

男:你身边的座位是空的吗?

女:是的,如果你坐下,你身边的座位也会空的。

男:我好像以前在什么地方见过你?

女:是的。这就是为什么我不再去那个地方的原因。

男:我想我能让你非常快乐。

女:是吗?你是说你要离开?

年轻聪明的女孩在多情无赖的男孩面前，起先是优雅地拒绝，但随着他的死缠烂打，拒绝的力度开始加大。终于忍无可忍，间接地说出了不希望见到对方的话。话虽然有点重，但不失有风度的优雅。这一切，都是源于女孩的幽默谈吐。

一个人要会说"好"，也要在该拒绝的时候会说"不"。不会说"不"，你就不是一个品格完整的人，你会变成一个不情愿的奴隶，你会成为别人的需要和欲望下的牺牲品。

◆ 面对敌意如何幽默回击

做人要力避树敌，但一个有才能的人是避免不了有或多或少的反对者的。正所谓"木秀于林，风必摧之"。如何面对反对者充满敌意的进攻？

有一次，温斯顿·丘吉尔的政治对手阿斯特夫人对他说："温斯顿，如果你是我丈夫，我会把毒药放进你的咖啡里。"

丘吉尔笑着说："夫人，如果我是你的丈夫，我就会毫不犹豫地把那杯咖啡喝下去。"

阿斯特夫人的进攻是如此咄咄逼人，丘吉尔若不回击未免显出自己的软弱，而回击不慎却可能导致一场毫无水准的"泼妇骂街"。丘吉尔一记顺水推舟的幽默重拳，打得飞扬跋扈的阿斯特夫人满地找牙却无从回手！

有一次，苏联诗人马雅可夫斯基在大会上演讲，他的演讲尖锐、幽默、锋芒毕露、妙趣横生。忽然有人喊道："您讲的笑话我不懂！""您莫非是长颈鹿！"马雅可夫斯基感叹道，"只有长颈鹿才可能星期一浸湿的脚，到星期六才能感觉到呢！"

做一个大家都喜欢的幽默高手

"我应当提醒你,马雅可夫斯基同志,"一个矮胖子挤到主席台上嚷道,"拿破仑有一句名言:'从伟大到可笑,只有一步之差'!""不错,从伟大到可笑,只有一步之差。"他边说边用手指着自己和那个人。

马雅可夫斯基接着开始回答台下递上来的条子上的问题:

"马雅可夫斯基,您今天晚上得了多少钱?"——"这与您有何相干?您反正是分文不掏的,我还不打算与任何人分哪!"

"您的诗太骇人听闻了,这些诗是短命的,明天就会完蛋,您本人也会被忘却,您不会成为不朽的人。"——"请您过一千年再来,到那时我们再谈吧!"

"你说应当把沾满'尘土'的传统和习惯从自己身上洗掉,那么您既然需要洗脸,这就是说,您也是肮脏的了。"——"那么您不洗脸,您就自以为是干净的吗?"

"马雅可夫斯基,您为什么手上戴戒指?这对您很不合适。"——"照您说,我不应该戴在手上,而应该戴在鼻子上喽!"

"马雅可夫斯基,您的诗不能使人沸腾,不能使人燃烧,不能感染人。"——"我的诗不是大海,不是火炉,不是鼠疫。"

……马雅可夫斯基在别人的攻击与诋毁之下,丝毫不乱阵脚,举起幽默的宝剑将四面八方的冷箭干净利落地斩断。

生活中,有的人利用自己有利的条件和别人的弱点,制造难题或荒谬,以此来炫耀自己,诋毁别人,幽默是与之斗争的武器。漫画大师张乐平的《三毛流浪记》中有一则关于三毛的笑话。

一位阔太太牵着哈巴狗上街,见到衣衫破烂的三毛,想拿他开心取乐,就对他说:

"只要你对我的狗喊一声爸,我就赏给你一块大洋。"

三毛说:"喊一声给一块,要是喊十声呢?"

"那就给十块。"阔太太不假思索地答道。

三毛躬下身去,顺着狗毛轻轻抚摸,毕恭毕敬地喊了声:"爸!"阔太太妖里妖声地笑了一阵,就给了三毛一块大洋。三毛连喊十声,阔太太就真的赏了十块大洋。

这时,周围挤满了看热闹的人。三毛收妥了大洋,笑眯眯地向阔太太点了点头,故意提高嗓音,用同样毕恭毕敬的口吻对阔太太喊了一声:"谢谢,妈——!"

围观的人大笑不止;阔太太面红耳赤。

——这就是幽默的力量。它能让一个人面对漫骂、诋毁与侮辱时,毫发不损地保全自己。

◆ 善用幽默,四两拨千斤

几乎人人都有遭受冷箭伤害、谣言中伤的经历。在冷箭的包围中、谣言的旋涡里,如何从容脱身,实在是一门大学问。

民主党候选人约翰·亚当斯在竞选美国总统时,遭到共和党污蔑,说他曾派其竞选伙伴平克尼将军到英国去挑选四个美女做情妇,两个给平克尼,两个留给自己。约翰·亚当斯听后哈哈大笑,马上回击:"假如这是真的,那平克尼将军肯定是瞒着我,全都独吞了!"

约翰·亚当斯最后当选,成为美国历史上的第二位总统。亚当斯的胜利当然不全归功于幽默,但不能否认幽默魅力的功用。试想一下,如果亚当斯听到攻击之后气急败坏、暴跳如雷、脸红脖粗,或辱骂对方不义,或对天发誓:"若有此等丑闻,天打雷劈!"这样的后果当然是越辩越"黑"。

做一个大家都喜欢的幽默高手

再介绍一个加拿大竞选中的小情节：加拿大的一位外交官斯却特·朗宁，1893年生于中国湖北的襄樊，是喝中国奶妈乳汁长大的。他回国后，在30岁时竞选省议员，当时反对派多方诽谤、诋毁他，说："你是喝中国人的奶长大的，你身上一定有中国血统。"

朗宁沉着地回击道："据权威人士透露，你们是喝牛奶长大的，你们身上一定有牛的血统。"

朗宁在这次选举中获胜。拥有这样机敏智慧的头脑令人放心地觉得，他可以做个出色的议员。

放冷箭、造谣言的成本极低，杀伤力却极大。加上"好事不出门，坏事传千里"的传播喜好，一旦处理不当，便会对受诋毁者造成极大的不利局面。

置身此类局面下的人，最好运用幽默的武器，以四两拨千斤的姿态，潇洒地把对方打个四脚朝天。

林肯是一个精于此道者。他在一次演讲中，有人当面诋毁他是一个"两面派"，告诫听众们不要相信林肯。而林肯并没有花过多的时间与精力去辩白自己——他还有演讲的正事没说完，但他又不能完全置之不理，授人以默认的口实。他只用了一句话，就把"两面派"的帽子扔到了太平洋。他对听众们说："大家看看我这张脸吧——如果我有两张脸孔的话，我还会成天拿这张脸来示人吗？"（林肯的长相欠佳——编者注）。

林肯的话引起了台下听众的会心一笑，"两面派"的说法就这样烟消云散。林肯得以继续自己的演讲，并获得了大多数听众的支持。

身处百口莫辩的境地，不妨向上面这些智者们学习学习。

第五章　家庭和谐少不了幽默

在人际关系的经营中，一些人总是在有意无意中把自己身边最亲密的人忽略。他们认为幽默是对外的，是社交场合不可缺少的因素，至于自己人，特别是对孩子，非得一本正经。现代的家庭就是一个小社会，自己人之间也需要包括幽默在内的各种调剂，不然，家庭的活力就会衰减。

有一些人，在外面是一个通情达理的人，但一回到家就变得习钻尖刻。是因为太亲密，所以就可以不讲究，可以伤害吗？不，我们提倡将幽默的作风带回家，和自己的爱人、孩子、父母一同分享。幽默是一种生活的艺术，它能够使人在笑声中获得启迪，得到教益。在家庭生活中，常讲些诙谐幽默的话，可以增加夫妻生活的乐趣，甚至化"干戈"为甜蜜，使家庭生活充满温馨和谐的气氛。

◆ 幽默可以消除家庭紧张关系

谁不渴望家庭和睦？对于家庭本身就和睦的人来说，正是因为他们一家对于家庭和睦的渴望，才努力经营与打造出和睦的家庭气氛。而对于家庭不和睦的人来说，他们一家的不和睦只是因为不懂得如何去达到和睦,毕竟没有人愿意家庭不和睦。一个负责人事的经理对他的新雇员说:"这份表格你填得不错,就是有一点,你在填写与太太的关系一栏里,应该填'夫妻'而不该填'紧张'。"

这是一个小幽默,但道尽了家庭不和睦者心中对于和睦的渴求。如果没有为了家庭关系的紧张而焦虑,为何会在关系一栏里填写"紧张"?消除家庭紧张关系的方法很多,而幽默则是一种最佳的选择。

老张和夫人结婚多年,从未发生过冲突。有一天,夫人问老张:"你为什么总对我这么好?"

老张答道:"和你结婚之前,我请教过一位前辈,问为什么他对妻子那样好,他说:'不要批评你妻子的缺点或怪她做错事。要知道,就是因为她有缺点,有时会做错事,才没有找到更理想的丈夫。'我牢牢记住了这句话。"

老张的意思是说,要想做妻子的理想丈夫,就不能随意批评妻子,这样才能恩爱有加,才能证明自己是理想的丈夫。如此聪明、有幽默感的丈夫,哪位妻子不愿付出倾心之爱呢?如今社会中家庭不和的原因很多,重要的一条就是谁都想维护自尊,统治家庭,所以夫妻矛盾最为突出,如果矛盾得不到解决,彼此之间的心理距离就会越拉越远。要缩短这种距离,幽默有其独到的作用。

试试能直达人心灵深处的幽默力量吧。有时候力量展现得十分温和,我们可能不会觉察到它是幽默的,但的确使人心情充满愉快。

◆ 爱情保鲜的秘诀是幽默

锡尼·史密斯说过:"婚姻就好像一把剪刀,两片刀锋不可分离,虽然作用的方向相反,但是对介入其中的东西,总是联合起来对付。"

第五章　家庭和谐少不了幽默

组成家庭的力是一种合力。当一个家庭由于爱而将要产生时，这种合力强大到足以把任何介入其中的阻力剪断。但是以后呢？妻子埋怨丈夫感情迟钝、好吃懒做；丈夫埋怨妻子只顾打扮自己，毫不知足，一点也不体谅做男人的苦处。这正如一则幽默小品文中的一只豪猪被指责的那样，"你老是伤害你所爱的人。"

有的夫妻却懂得怎样去保护自己的幸福，维持婚姻中的爱情。他们以幽默来代替粗鲁无礼的语言，解决日常生活中的分歧。虽然他们也相互挑剔，也会产生纷争，但是经过由幽默产生的情感冲击之后，一切纷争都显得微不足道了。

富兰克林说："婚前要张大眼睛，婚后半闭眼睛就可以了。"婚后睁大眼睛的人，多半会抱怨自己婚前瞎了眼睛。

所以，任何一个成了家的人，不要轻易否定自己的眼力。应当试着用幽默去保护家庭。如果没有根本性的、重大的分歧，幽默能使家庭生活始终处于最佳状态。

在我们周围，经常可以看到一些聪明的夫妇是怎样以开玩笑的方式来表达爱情的。

比如，男的说："我夫人从来不懂得钱是什么，她以为任何商品都是打5折的东西。"

女的说："所以我才会嫁给你，你的聪明也是打过折扣的。"

有一位先生对人说："我太太和我闹矛盾，她想要一件新的毛皮大衣，而我想要一部新车子。最后我们都妥协了，买一件毛皮大衣，然后把它收到车库里。"

有人当着吉姆妻子的面问吉姆："你们家里谁是一家之主？"

吉姆板着脸说："珍妮掌管孩子、狗和鹦鹉，而我为金鱼制定法律。"

那人又问吉姆:"你那位公司里的秘书长得怎么样?"

吉姆仍然板着脸说:"珍妮倒不在乎我的秘书长得怎么样,只要他是个男的。"

"听你的太太说,当年你刚娶她时,答应给她月亮的。"

"别提啦!"吉姆忍不住笑起来,"我是答应给她月亮的,因为那儿连一家百货公司也没有!"

试想一下,如果换上一个毫无幽默感的人来回答,结果会怎么样呢?

◆ 锦上添花的爱情幽默

马克思与燕妮在未明确关系时,已相知很久,但一直没有表白心迹。

一天黄昏,他俩又相约于摩泽河畔的草坪上,这次马克思决心向燕妮求爱。他对燕妮说:

"燕妮,我想告诉你,我爱上了一个人,准备向她求婚,但是不知她是否同意?"

燕妮知道这个"她"就是自己,但仍然反问:"是吗?那是谁?"

马克思说:"我这里有一张她的像,你想看看吗?"燕妮点点头。

于是马克思拿出一只精致的小木匣递过去。燕妮接过来,双手颤抖地打开。里面没有像,只有一面镜子,镜子里正好映出燕妮羞红的脸庞。

两人之间朦胧的爱情面纱就这样巧妙地拉开了,燕妮幸福地接受了马克思的求爱。

于是他们相爱了。俩人卿卿我我,山盟海誓,如胶似漆。这时的幽默更能创造出轻松愉快,富于情趣的爱情生活。

数学家同女友在公园散步。女友问他:"我满脸雀斑,你真的不介意?"

数学家温柔地说:"绝不!我生来最爱与小数点打交道。"

爱情是自私的,不能分享,下面这则幽默说明了这点。

男:"你是我的太阳……不!你是我的手电筒!"

女:"怎么?不是说太阳吗?"

男:"不行,太阳普照所有的男人,我只希望你照着我一个人。"

爱情是美好的,幽默更使她锦上添花。

姑娘在树下等候男友,男友从后面蹑着脚而来,用两手掩住她的女友,说:"你猜我是谁?三次猜不中,我就吻你!"

她猜了:"你是刘德华?成龙?还是周润发?"

如果爱情表达过于死板,会令恋人生厌。

小伙子向她的女友表达爱慕之心:"亲爱的,我真爱你。你像天上的月亮一样美丽,又像星星那样可爱,你还像太阳一样给我带来了光明和温暖。我没有你,就像没有空气一样,简直无法生存。"

他的女友忍不住打断了他的话:"你是在跟我谈恋爱,还是在给我上天文课!"

◆ 运用幽默力量作趣味思考

把夫妇间不愉快或不可能的一面形成强烈的对比,能以开玩笑来自己取笑自己,并防止龃龉,这就是具有幽默力量的效果。

有些人彼此挑剔的方式,让人对它发出会心的微笑,但这些例子只是我们传统的两性幽默的一种形式。婚姻的笑话经常给人一种刻板的印

做一个大家都喜欢的幽默高手

象,即丈夫钝,妻子笨,妻子是统治者,同时又做牛做马,丈夫既是奴隶,又是上帝。这类两性的幽默有时也能达到妙语的极致。

妻(趴在丈夫的病床边):你一定不能死,汤姆。我偌大一个衣橱里,连一件黑衣服也没有。

夫(对游泳教练):你可以教我太太淹死吗?

两性幽默的故事中把两人关系中不愉快或不可能的一面,和关系中隐含的真意形成强烈的对比,借着这样的夸张来发挥幽默力量。

好奇的邻居:我听见你屋子里好像发生了什么事。

妻子:胡说!我先生和我吵了一架,我就开枪杀了他,就是这样而已。

这个小故事虽然夸大其真实性,但是这不止于笑话而已。如果我们详细研究这一句话:"我先生和我吵了一架,我就开枪杀了他,就是这样而已。"我们可以发现它所隐含的真意:最好对小小的口角轻松带过,避免造成严重的争执。

当两性幽默能以开玩笑来防止龃龉时,就具有幽默力量的效果。

有人问某先生是否相信死后还有生命。

"呸!"他太太说,"他连晚饭后还有生命都不相信。"

典型的家庭幽默里通常都有一个拼命赚钱的丈夫,还有拼命花钱的妻子儿女。

"一家的男人就是把皮夹里的钱拿去换来一幅全家福画面的人。"

注意:如果我们把这类方法用来向他人表明自己,会更有价值。我们把笑的对象指向自己,会有助于人际关系的增进。有的演员就经常调侃自己的婚姻和家庭生活。例如罗尼·登格菲,常说自己是家人嘲弄的对象。

"我央求我太太和我一起出走,"登格菲打趣道,"结果她说:

第五章 家庭和谐少不了幽默

'你自己出走吧！'"

"我儿子读一所私立学校，"登格菲透露，"我已经努力了两年，要他告诉我学校在哪里。"

如果我们能运用幽默力量来作趣味思考，那么有关约会和求爱的幽默也会变得温和。

有人说他那漂亮的女朋友把他们的关系破坏了，因为她出口"三字经"——如"我不要""我不去""那不成"。

◆ 用幽默避免无谓的家庭争吵

家庭之中夫妻磕磕碰碰很正常，不论是伟人还是普通人，怨怒之中如果即兴来一两句幽默，能很好缓和紧张的形势。人们常说"夫妻没有隔夜的仇"，更多的时候都是这种豁达的幽默消除了隔阂。在我们现代家庭生活中，夫妻间因各样的矛盾，闹点小摩擦，吵几句嘴，发生一点小误会是难以避免的。如果我们动辄打骂，经常争吵，不但于事无补，弄不好还会扩大矛盾，增加隔阂，伤害感情。假如夫妻双方能运用一点幽默，效果就会截然相反。

遗憾的是，我们中国的大多数家庭化解家庭矛盾的方式，只是单一地用说好话、赔礼道歉或生闷气、找人说和，要么让时光慢慢冲淡。这样古老而又落后的方法应该改变一下了。

男女朝夕相处，天天锅碗瓢盆，始终举案齐眉、相敬如宾反而成为一种不正常的现象，有人戏称之为"冷暴力"。小吵小闹有时会拉近夫妻间的距离，同时也能使内心的不满得以宣泄，如果再佐之以幽默、机智的调侃，无疑使夫妻双方得到一次心灵的净化，保证了家庭生活的正常运行，请看下面这几对夫妻的幽默故事。

做一个大家都喜欢的幽默高手

——驾车外出途中,一对夫妻吵了一架,谁都不愿意先开口说话。最后丈夫指着远处农庄中的一头驴说:"你和它有亲属关系吗?"妻子答道:"有的,夫妻关系。"

——妻子:"每次我唱歌的时候,你为什么总要到阳台上去?"

丈夫:"我是想让大家都知道,不是我在打你。"

——结婚多年,丈夫却时时需要提醒才能记起某些特殊的日子。在结婚35周年纪念日早上,坐在桌前吃早餐的妻子暗示:"亲爱的,你意识到我们每天坐的这两把椅子已经用了35年了吗?"丈夫放下报纸盯着妻子想了一会儿说:"哦,你想换一把椅子吗?"

——妻子临睡前的絮絮叨叨总是令亨利十分不快。一天夜里,妻子又絮叨了一阵后,吻别亨利后又说:"家里的窗门都关上了吗?"亨利回答:"亲爱的,除了你的话匣子外,该关的都关了。"

以上几则故事中的夫妻幽默均恰到好处地表达了自己怨而不怒的情绪。有丈夫对妻子缺点的讽刺,也有妻子对丈夫多疑的抗议,但其幽默的答辩均不至于使对方恼羞成怒。如妻子用夫妻关系回敬丈夫也是一头驴,丈夫用巧言指责妻子絮叨,这些幽默的话语听上去自然天成,又诙谐有趣。这些矛盾同样会发生在我们每一个家庭,有时却因为两三句出言不逊的气话而使矛盾激化。

有一对夫妻,在一次争吵中,两人互相指责对方的缺点,夸耀自己能干,争论得无休无止。妻子的女高音越叫越高,丈夫听得不耐烦了,说:"好,我承认,你比我强。"妻子得意地笑了,说:"哪一点?"丈夫说:"你的爱人比我的爱人强。"一句恰到好处的幽默,缓和了夫妻之间的紧张气氛,化解了彼此的矛盾,使对方转怒为喜,破涕为笑。

许多夫妻都有过类似的经历,无谓的争吵随时都会发生,有时又会因愤怒而失去理智,直至闹得不可开交,甚至拳脚相加。在日常生活中，我们常看到这种情景，在公共场合彬彬有礼的谦谦男子或温柔女士，在家人面前也会为一些小事而大动肝火，即使是恩爱夫妻也不可避免，双方似乎都失去了理智，哪壶不开偏提哪壶，专揭对方的痛处短处解气，唇枪舌剑，互不相让，及至冷静下来，才发觉争吵的内容原是那样愚蠢、无聊。殊不知忍一时风平浪静，退一步海阔天空，多用幽默少动气不是一样也可占尽心理上的优势吗？

有对年轻夫妻经常吵得不可开交。太太唠叨不休，骂丈夫是一个好吃懒做、没有出息的老公，说自己是鲜花插在牛粪上。一会儿丈夫从楼梯上走下来，诙谐地向老婆说道："尊敬的夫人，牛粪到了！"丈夫的自我解嘲，使太太破涕为笑，也化解了一场战争。

夫妻生活在一起，虽有许多乐趣、幸福，但也有许多难过和辛酸。愿天下的有情人，愿世间的夫妻们都能用幽默的"消火栓"，化解生活中的硝烟与战火。

愿幽默给每个家庭都带来快乐！

◆ 当代文化名人的幽默

经常有一种说法，认为国人比洋人要活得刻板与现实得多，因此国人的幽默感没有洋人强。这种说法对错与否，并没有一个最终的答案。我们下面撷取来自当代中国文化名人的几则幽默小事，或许能提供一个观察与思考的窗口。

著名剧作家沙叶新曾任上海人民艺术剧院的院长。他的名片上面是这样写的："我，沙叶新：上海人民艺术剧院院长——暂时的；剧作家——长久的；某某主席、某某顾问、某某教授、某某理事——都是挂名的。"沙先生不仅在外交际极幽默，也将幽默的作风带回了家。沙先爱"的。

如果说余光中的"叫苦"还有一丝"欲说还休"的味道，那么著名漫画家丁聪的"抱怨"则完全是"一吐为快"了。有人问丁聪："你身体这么好，有何养生之道？"他回答说："大概是有个好饲养员吧。饲养员就是我老伴，她做什么，我就吃什么，从不挑食，不挑食的孩子就是好孩子。"有时，丁聪索性将老伴称为"家长"，他的幸福感便表现在不时地向朋友们抱怨"家长"的管束。名为诉苦，实为夸耀，丁聪正是运用这种独特的方式向老伴进行柔情倾诉的。

作为当代名家，钱钟书的"痴气"几乎无人能比。他曾很认真地对夫人杨绛说："假如我们再生一个孩子，说不定比阿圆（钱氏独生女）好，我们就要喜欢那个孩子了，那我们怎么对得起阿圆呢！"对女儿如此"用情专一"堪为天下父亲的楷模。上海作家陈村也视女儿为掌上明珠，谈起女儿他就没大没小、口无遮拦了："我现在是名花有主，动辄得咎。出门要请假，回家要汇报，自己看自己也觉得有教养多了。之所以有这点滴的进步，全是女儿天天对我的栽培。"倘若不是深爱女儿，陈村怎么可能对女儿言听计从、毕恭毕敬呢？他还说过："我从小就没有父亲，不明白一个标准的父亲是怎么样的。我本可以自学成父，可是真的当了父亲才知道比较困难。好在有女儿的言传身教，就把父亲当了下来。""自学成父"一方面说陈村从小没有品尝过父爱的滋味，另一方面也表明了他做一个好父亲的决心。

看了这些文人名士和和美美的家庭，你是否心生羡慕？人家的文化我们也许难以学到，那么，就学习一些他们幽默风趣的作风吧。建设一个和和美美的家庭，本身就是一门学问、一种事业。

第六章　最实用的幽默方法

幽默的谈吐无论在日常人际交往中，还是在那些连面也见不上的虚拟空间中，都是不可缺少的。它不仅能使严肃紧张的气氛变得轻松、活泼，更能让人感受到说话人的温厚和善意，使其观点变得容易让人接受。

幽默的语言不仅能使局促、尴尬的场面变得轻松、和缓，它还能给人带来一定的启发和教育意义。

一句得体的幽默语言会消除一场误会，一句巧妙的幽默言辞能胜过无数句平淡无味的攀谈。

幽默的话语不仅具有愉悦、美感、批评、教益、讽刺等作用，也显示了说话者豁达、开朗、活泼、善于沟通的气质。所以列宁说："幽默是一种优美的、健康的品质。"在适当的场合，以幽默的谈吐来增强交往的生动性和亲切感，已被看成是一个人应该具备的优点。国外有些公司在招聘时，甚至把"有无幽默感"作为评价人格好坏的标准之一，可见幽默感何等重要。

还要有这样一个认识，幽默不是笑话的堆集，经常能讲笑话的人并不就真的具备了幽默。当你能为别人讲笑话时，只不过是具备了初步的幽默感，而幽默的更高境界，是掌握表现你幽默性格的方法。在本章，

第六章　最实用的幽默方法

我们将告诉读者在与别人交往中最实用的幽默方法。

◆ 俏皮风趣

据说，当年冯玉祥将军想娶一位夫人。这个想法通过新闻传媒公布了出去。于是，名门闺秀、摩登女郎纷纷赶来"应聘"。选聘夫人这种事完全委托秘书来代理自然不妥，冯将军亲自出面进行"面试"。"面试"的问题也并不难，只有一道："你为什么要和我结婚呀？"

第一个答道："因为您是个大英雄，我爱慕英雄！"第二个答道："因为您是大官儿，和您结婚就是官太太。"

第三个……

来人不少，面试结果却令冯将军非常失望，这种依附型心理的女性不是他喜欢的。

这时，李德全出现了。且不说气质不凡，回答问题也石破天惊，让人吓一大跳："上帝怕你做坏事，派我来监督你！"

李德全的俏皮风趣马上征服了冯玉祥，二人很快便结下百年之好。

李德全面对婚姻大事，以高度睿智、俏皮风趣的语言轻松地表达出嫁给冯玉祥将军的愿望与动机。"上帝怕你做坏事，派我来监督你！"这既需要足够的胆识与魄力，又要有十分的机智和诙谐。

在一般的生活中，很难有喜剧演员、相声家、漫画家等专门使人发笑的人。但是只要我们细心观察身边人的许多有趣言语、行为，我们就会有所觉察。

一位先生对正在热恋的小妹说："你已经长大了，是在谈恋爱还是在玩火呢？"然后又很担心地开玩笑说道："我得给你介绍个消防队员当男朋友。"

做一个大家都喜欢的幽默高手

日本一家出售酸奶的商店的广告是这样一句话:"本店出售的酸奶有初恋的味儿。"没有恋爱的少男少女想尝尝初恋的味道;正在恋爱的男女想品品初恋的味儿;结过婚的男女想回顾一下初恋的味儿;就连年过花甲的老人也想追忆初恋时光。由此,酸奶店顾客盈门。

有一个人向诺贝尔文学奖金获得者海明威求教:"你作品中的语言如此简洁,有何秘诀?"海明威听后,不动声色地答道:"有时我饿着写,肚子咕咕直叫;有时站着写,只用一只脚踏着地;有时在寒冬故意只穿一件单衣,边写边抖,这些不愉快的感觉使我不得不尽量少写些多余的话。"海明威俏皮风趣地阐述了写作的诀窍,而且使人终生难忘。

郁达夫有一次上饭馆吃饭,吃完饭付钱时,把鞋子一脱,从鞋底抽出一叠钱。店小二见了大为惊奇,郁达夫付之一笑:"这东西过去压迫我,我现在也要压迫它。"

生活中的幽默无处不在,俏皮风趣的幽默,只要你的口才佳、头脑转得快,就可以信手拈来。做个有心人,多留意一下周围的生活环境,你会发现生活色彩斑斓、千姿百态,到处都有幽默的舞台。在生活中适当运用幽默,也会使你的说话风格增添异彩,令你的人际关系和谐融洽。

◆ 自相矛盾

"矛盾"这个词源于《韩非子》中那位卖矛和盾的生意人,表示事物之间的强烈冲突,有很强的喜剧色彩。现代生活中,我们常说的自相矛盾是指人物言行不一,言语前后冲突,行为相互抵触。

我们知道,一般人讲话不应该自相矛盾,这是逻辑思维得以顺利进行的起码条件;自相矛盾是智力低下的表现。也正因为如此,有些逻

第六章　最实用的幽默方法

辑上的自相矛盾，却可能产生幽默的趣味，而有时幽默的趣味性恰恰是从逻辑上不通的地方开始。这不通的逻辑作为一种结果引起了我们的震惊，推动我们去思考它产生的原因，而这原因往往是十分有趣味且有一定意义的。

一对新婚夫妇争吵，妻子终于忍不住哭了起来："我决定跟你离婚。我这就去收拾东西，离开这里回娘家去。"

"很好，亲爱的，车费在这里。"丈夫说。

妻子接过钱数起来，突然说："不够，我回来的路费怎么办？"

既然是宣告要吹，不言而喻的就是不再回来了，可是又问回来的路费怎么办，说明还想回来，二者自相矛盾。自相矛盾对于表述一个理性的决定来说是失败的，对于表达夫妻间的微妙的情感来说却是十分成功的：不管口头上说得多么决绝，可是在内心深处还是想要回来。妙就妙在她虽不愿讲出来，但由自相矛盾泄露了出来。而且这并不是虚假，而是真诚的。

有时自相矛盾像是一种天真的错误，以真诚和不加掩饰为特点，而真诚的、不加掩饰的"错误"成为一种幽默的手段并由人们加以利用时，就成为一种艺术了。

一个嗜赌如命的酒徒，他为了从赌场上赢回输掉的酒钱，熬更守夜，孤注一掷，最后连裤子也输掉了。这时候他醒悟过来，发誓戒赌戒酒。

他用笔写上"坚决戒赌"四个字贴在床头，又将"誓死戒酒"四个字贴在床尾。一天，一位好朋友看到了床头这条诫示后，好奇地问："你真的要戒赌戒酒了？"

"真的！"

"我不信。"

做一个大家都喜欢的幽默高手

"不信?"赌徒瞪着一双通红的眼睛,大声说,"咱们赌三瓶二锅头!"

赌徒,用自相矛盾的方式展示了幽默的艺术,取得了鲜明的效果,让矛盾活了起来。矛盾若在不经意中产生,更为可笑和逗人。在运用自相矛盾的幽默技巧时,一定要沉住气,平稳自然,幽默效果更佳。

我国古代有个笑话说:

——"妻管严"被妻暴打,无奈钻入床下,其妻喝令:"出来!"

答曰:"不出来。"

妻大怒:"到底出不出来?!"

答曰:"男子汉大丈夫说话算话,说不出来就不出来。"

这种自相矛盾,正是表面上理直气壮,实际上心虚理亏。在人际交往中可以故意制造这种自相矛盾的幽默,抬升对方地位,可以有效化解对立。

◆ 曲径通幽

幽默之"幽",在一定程度上暗示幽默宜"幽"(曲径通幽)一点。曲径通幽的幽默,特别适合用于主张自己的权利却又不愿与对方过于明显地对立的交往场合。

在人际交往中,如果对你的朋友有什么非当场说不可的批评,最好是以幽默启示他领悟。

清朝的石天成所编《笑得好》中,有一个很值得借鉴的故事《锯酒杯》:

一人赴宴,主人斟酒,每次只斟半杯。客人忽然问主人:"尊府若有锯子,可否借我一用?"

第六章　最实用的幽默方法

主人问何用，客人指着酒杯说："此杯上半截既然盛不得酒，要它何用。锯去岂不更好？"

客人的建议既是耸人所闻，却因而显得幽默。在可笑之余，相信主人一定也有所悟。这比他直白地去主张自己的意见要委婉得多，也易于被人接受，因为心理阻抗要小，人际间摩擦亦小。

此法用来表达愿望，避免可能引起的尴尬。清朝出版的《新刊笑林广记》中有一个故事《一味足矣》，在表达某种不便明言的愿望时同样有参考价值：

一塾师开馆，东家因其初到，具一鹅款待。酒过三巡，塾师对东家说："今后打扰的日子还长，饮食务须从俭，否则我心中不安。"随即指着盘中之鹅说："天天只要一只鹅就够了，其余的就免了。"

好像是在客气，劝东家不要过分款待，实际是提出了更高的要求。

一家人请客，所有的人都有了筷子，就是疏忽了一个人，忘了给他筷子。如果这个人说一声，问题也就解决了，但是这样不能创造一种热闹的气氛。这位客人在大家举筷进食时，突然站起来向主人要清水一碗。主人问他要水何用，答曰："洗净了手指头好夹菜吃。"

主宾相顾大笑，马上为其置筷子一双。

曲径通幽的幽默方法，并非真的将隐衷作直接的、现实的表达，而是通过片面的逻辑，作假定的、非实用的、不科学的表达。这种不伤和气的主张权利方法在很多环境都可应用，尤其是在对方拥有某种"权力"或处于"主动"地位时，例如在大人和小孩之间，产生的此类幽默可以说效果显著。在处理人际关系比较复杂的局面时，我们不妨也学学"童言无忌"造成的幽默效果。请看下面的例子。

父亲："皮埃尔，今天不要上学了，昨天晚上你妈给你生了两个小弟弟。你给老师说一下就行了。"皮埃尔："爸爸，我对老师说只生了

做一个大家都喜欢的幽默高手

一个,另一个,我想留着下星期不想上学时再说。"

有个小男孩,有天放学后问他的妈妈:"妈妈,我到底是从哪里来的?"妈妈觉得这个问题不好回答,但应该趁此机会教育小孩,就一本正经地以猫狗为例,支吾地谈及生殖的过程。儿子听完后,一头雾水地说:"怎么会这样?我的同桌说他是从山西来的!"

童童问妈妈:"为什么称蒋先生为'先人'?"妈妈说:"因为'先人'是对死去的人的称呼。"童童说:"那对去世的奶奶是不是要叫'鲜奶'?"

◆ 啰唆絮叨

我赚钱啦赚钱啦!
我都不知道怎么去花。
我左手买个诺基亚,右手买个摩托罗拉,
我移动联通小灵通一天换一个电话号码呀,
我坐完奔驰开宝马没事洗桑拿吃龙虾。
我赚钱啦赚钱啦!
光保姆就请了仁,
一个扫地一个做饭一个去当奶妈,
我厕所墙上挂国画,倍儿像艺术家呀。
我贷款按揭名牌西服手表和电脑,
我能贷多少就贷多少一直还到老啊,
还款的滋味是实在难熬,
谁还谁知道啊,
所以我们的口号是先发财再传宗接代,

第六章　最实用的幽默方法

我们的口号是先发财再传宗接代！

我以前淋了场大雨就当是自己是洗了回澡啊，

现在分期付款买了个"别野"，

为什么？咱用卡咧！

我再也不用怕夜叉那个居委会大妈咧，

我再也不用怕夜叉那个居委会大妈！

俺总算是扯完了！

加点儿韭菜花。

——这首名为《我赚钱了》的搞笑歌曲，一度在网上极为火爆。啰唆絮叨的歌词，加上简单的旋律，让听众忍俊不禁。

《大话西游》里的唐僧就是一个絮叨的典型。诸如"人是人他妈生的，妖是妖他妈生的"的经典语言不绝如缕，令悟空心烦意乱，头疼不已，起到了搞笑的作用。

絮叨这种手法如果能运用自如也会精彩，絮叨到马三立的水平便可以称为大师了。对于马三立的啰唆，梁左遗作《笑忘书》中称其为"意识流相声"——马三立的一个经典段子：

我写，我写小说！我上比巴金，下比柳青，超过托尔斯泰，不让巴尔扎克，外国有马雅可夫斯基，中国有马三立！高尔基写《母亲》，我写《二姨》！短篇，中篇，长篇。稿费，源源不断，邮局汇款："马三立，拿戳儿！马三立，拿戳儿！"有了钱，怎么办？我先买一顶帽子戴。

已故的絮叨大师是位温厚的长者，在温厚胸怀与境界里，方能生出"心灵光辉与智慧丰富"相得益彰让人会心微笑的作品，在这个意义上说，温厚是幽默之母，也是做人之最高境界。

人们厌恶透了"奉天承运"式的"标准语句"和假作欢颜式的"滑

做一个大家都喜欢的幽默高手

稽堂会"。马三立的幽默道理明白,说话近情,絮絮叨叨啰啰唆唆却滋润了人们的心灵。因温厚而近情,因近情而从容,因从容而练达,因练达而智慧,因智慧而幽默,因幽默而不朽。

说话啰唆向来为人们讨厌,然而,在某些特定的场合或特殊气氛中,"啰唆"几句也无妨。巧妙地运用啰唆语言,不但能活跃谈话气氛,增加谈话的趣味,而且还使你随机应变,接受一些正常语言无法胜任的局面。

在一对新人的婚礼上,宾客们故意指着新娘问新郎:"这位是谁呀,也不介绍介绍?"新郎略思片刻,顺口答道:"她是我丈母娘的大女儿,也是我妈妈的大儿媳妇。"

两句啰唆话,说得宾客们哄堂大笑。若按常理,像这样的问话,可简练地回答:"她是我妻子。"而新郎却采用啰唆的语言绕了几个圈子,一下子使婚礼的气氛活跃起来。当你处在极为窘迫的境地时,不妨啰唆几句,帮你增添幽默感。

有一对青年夫妇,结婚几年还没有孩子,两人都非常苦恼。有一天,他们在路上碰到老同学和他的孩子,说话间,老同学的儿子突然发问:"阿姨,妈妈说要把你的儿子给我做干弟弟,我什么时候才能见干弟弟呢?"

面对小朋友的问话,妻子十分为难,答吧,怎么答?不答吧,又下不了台。这时丈夫灵机一动,答道:"不在今年,就在明年;不在明年,就在后年……"几句啰唆话,不但帮妻子解了围,也没让小朋友失望。

对那些明知故问,以别人取乐者,啰唆也是一种有力的武器。

有位好事者,喜欢搜集他人隐私。当他得知邻居小李的妻子比小李大7岁时,便来到小李家,想取乐一番。

他问小李："你妻子多大了？"小李知道此人不怀好意，便没好气地答道："籍贯山西，性别女，芳龄多少看你智力，她比我大7岁，我比她小7岁，她的年龄减7是我的年龄，我的年龄加7是她的年龄……还有什么需要知道的吗？"啰唆话像连珠炮一样射出去，使对方没有插话的机会，好事者只好悻悻离去。

要在常人，小李是不会那样回答的。但面对这位好事者，小李不采用啰唆式的幽默回答，对方便会喋喋不休地发问，使自己难以下台。

有时，"啰唆"式的幽默语言也是比较亲切的语言，在一些送别、欢聚等人际交往场合，适当地啰唆一下，会使人感到温暖、体贴，或感受到你对某种事物的重视，当然更会增加你的幽默感。

◆ 曲解词意

曲解词语法，指的是故意对某些词句进行歪曲的解释，以满足一定的语言交际需要，造成的幽默风趣的言语特色，叫人忍俊不禁，从而增加轻松愉快的谈话气氛，更好地协调人际关系。

一位姑娘问自己的恋人："小张，你怎么夏天胖，冬天瘦啊？"

小伙子应声而答："这叫热胀冷缩嘛！"一句话逗得姑娘咯咯笑个不停。

这里，小伙子对"热胀冷缩"作了曲解。

词语有它固定的含义，绝大多数不能按其字面的意思来机械解释，而曲解词语法却偏偏"顾名思义"，突破人们固定的思路或者说跳开常理，从而产生幽默感。

语文课堂上，老师问道："'待人接物'是什么意思？"一学生起立说道："就是待在我家里，等着接受别人送的礼物。"教师："啊？

做一个大家都喜欢的幽默高手

咳！少壮不努力，老大徒伤悲呀！"这学生接口道："那没关系，我是老二！"

再看：

地理考试时，老师要学生简略描述下列各地：

阿拉伯、新加坡、好望角、罗马、名古屋、澳门。

其中小明这样写：从前有个老公公，大家叫他阿拉伯，有一天他出去爬山，当他爬到新加坡的时候，突然看见一只头上长着好望角的罗马直冲过来，吓得他拔腿跑进名古屋，赶紧关上澳门。

静态的词语大多是多义的，在一定的语境之下使用就转静态为动态了。动态词语一般为单义，曲解词语法就是利用语言的多义性，即明知是甲义，偏理解为乙义，有意混淆它们，以求产生幽默的效果。

曲解词语法除了经常"顾名思义""利用多义"之外，还常利用音同音近的谐音。生活中这种情况很常见，歇后语即是用这种曲解词语的手法创造成功的。当你使用有些歇后语时，实际上也在不知不觉中使用了曲解词语法。如：

嗑瓜子嗑出臭虫来了——什么仁（人）儿都有

石头蛋子腌咸菜——一盐（言）难进（尽）

一二三五六——没四（事）

我们可以看出，强烈的幽默效果往往产生故意曲解某些词语的含义中。所以，当你使用曲解词语法时，一定要让人感到你是故意曲解词语，而不是"无意"，否则，会让人以为你是天字第一号的大傻瓜。然而，特定的语境加你的曲解，会使你表现出自己的智慧的。

第六章 最实用的幽默方法

◆ 歪曲经典

经典之所以称为"经典",是因为其已在人们心中具有相对崇高的地位,这种地位按常理是不容颠覆的。但幽默不管这些,幽默担当的是怎样有趣怎样玩的角色。歪曲经典,以造成强烈的情感落差而产生喜剧性的效果,幽默岂能轻易放过?

歪曲经典最成功的要数周星驰主演的电影《大话西游》了,在影片里,孙悟空成了一个风流倜傥的多情种,而唐僧却成了一个絮絮叨叨、婆婆妈妈的男人。

歪曲经典法就是利用众所周知的经典文章和词句做背景,然后故意做出歪曲的、荒谬的解释。经典最具庄严的意味,语言又多为人所共知,一旦小有歪曲,与原意的反差就十分强烈。

当前网上有一种"恶搞"作品可谓广泛流行,自2005年年底,网上流传的《一个馒头引发的血案》让新词语"恶搞"彰显出旺盛的语言活力,人们迅速接受"恶搞"一词,并开始大量使用。

目前还没有对"恶搞"这个流行词汇的统一定义,但我们可以看到,"恶搞"带有某些极为鲜明的共同特征:用乾坤大挪移的手法颠覆经典与权威;以搞笑的形式对一本正经的主题进行近乎荒唐的解构;通过网络等新兴传媒进行传播和扩散;无厘头的个性批评大多迅速演化为参与广泛的大众娱乐活动。这种做法的幽默,实际上就是以颠覆"经典"的手段在网络上各种讽刺部分人眼中的"正统"。

"恶搞"是中义词,这里的"恶"只是程度的形容词,表示"很夸张,超出常规"。有个类似的说法叫"恶补",其中的"恶"就和恶搞的意思差不多。需要注意的是,生活中无伤大雅的经典可以歪曲恶搞,而传统、历史、宗教的经典决不能拿来歪曲恶搞。

恶搞的例子很多，上网的人都能看到。这种歪曲经典的幽默方法不仅很适合放在表演性的幽默中，如小品、相声等，也可直接用于人际交往或谈吐之间。如若能改变角度，结合其他方法，则可以使人与人之间交往增加谈吐的谐趣。至少可以针对自己，即用于自我调侃，故作蠢言或故作大言时加以引用，以大智若愚的姿态出现，使对方与你之间缩短心理距离，增加分享谐趣的渠道。

歪曲经典需要听者心领神会，并且至少要熟悉所颠覆的经典，同时，听众也能明白你是在故意颠覆。如果他达不到这种水平，把你的故意颠覆当作无意的错误，再来纠正你，那就必然导致幽默感的丧失；或者他当成正确的解释，那更是南辕北辙，了无生趣。

在西方有两句家喻户晓的格言："上帝支配众人的生命""杀他同类的人有罪"。有一个西方剧作家让他的人物说了这样一句话："只有上帝有权力杀他的同类。"由于西方人对原来的两句话有深刻的共识，因而很容易领悟到诙谐之趣。同样是这一句话，如果在中国人中间，那就不一定会有什么幽默的效果。所以，中国的相声，外国人很难听懂；外国人的脱口秀，没有很高的外语水平也是听不出其幽默究竟可乐在何处。

此外，以歪曲经典之法喻人，既可产生亲切感，也可导致轻浮感，其间分寸，应视具体环境与关系性质灵活掌握。运用之妙，存乎一心，只有在长期的实践中，才能深深体会、准确掌握。

◆ 暗指借代

这里所谓的暗指借代法，有别于修辞学上的借代，因为修辞学上的借代，是指用对象的部分取代整体，例如，抗日战争时期常说的"给敌人一粒花生米"，就是用"花生米"代"子弹"。而幽默中的借代法，是直接用一种东西，去指代另一种东西。也正因为如此，后者比起前者来，就有更大的灵活性，而且由于出乎意料，更容易出幽默。

例如：一对年轻夫妇走进首饰商店，妻子问售货员："右边的那个钻戒要多少钱？"

"3万元。"

丈夫惊愕地"哎呀"了一声，问道："在它旁边的那个呢？"

售货员答道："要两个'哎呀'的钱，先生。"

"哎呀"当然不能作为标价单位，但由于有了对3万元惊愕得"哎呀"的基础，借代就可以实现了。幽默的店员使顾客对商品价格的埋怨化为一笑，的确聪明。

◆ 强烈反差

有意把两个事物、概念或者本身对立的思想、观点，放在一起进行比较，形成强烈的反差，往往能产生令人莞尔的效果。

比如：朋友圈里有一篇刷屏文章，假借农民之口，说城市与农村的差别对比，且不管它说得对不对，但它对某些社会现象的讽刺还是蛮幽默的：

俺们刚吃上肉你们又兴起吃素了。

俺刚娶上媳妇你们又独身了。

俺们刚吃上糖你们又尿糖了。

俺们刚拿白纸擦屁股你们又用它擦嘴了。

俺们刚存点钱你们又买保险了。

俺们的娃子春节回家你们又开始出门旅游了。

做一个大家都喜欢的幽默高手

俺们刚能歇会儿不用擦汗你们又去健身房、桑拿房流汗了。

俺们刚学会打电话,你们又说要宽带上网了。

俺们刚能在电影院约会你们又改网恋了。

俺们刚吃饱穿暖你们又减肥挂肚兜露脐了。

俺们刚学会搞对象叫爱情你们又喜欢同性恋了。

俺们刚看上电视你们又玩电脑了。

俺们刚娶上媳妇你们又开始包二奶了。

俺们刚羡慕城里的繁华你们又开始兴郊区的别墅了。

俺们刚住瓦房你们又要露营了。

俺们的娃儿刚有书念你们又要洋插队了。

俺们刚把白条换成人民币你们又把人民币换美元了。

俺们刚把青菜上的害虫灭掉你们又爱吃虫啃过的青菜了。

俺们刚结束喝河水而喝自来水你们又改喝可乐了。

俺们刚把破裤扔掉你们又开始在裤子上剪洞了。

俺们刚能坐上公共汽车你们又开始打的了。

俺们刚养了很多的王八你们又喜欢吃大闸蟹了。

俺们刚通上电你们又兴烛光晚会了。

俺们刚穿了件像样的衣服你们又白领吃香了。

俺们刚能吹风扇你们就又用空调了。

俺们刚有点钞票你们又倒腾股票了。

俺们的民工进城了你们又开始下岗了。

强烈反差法也可以将行为和结果放在一起进行比较,这种方法制造出来的幽默往往出于规劝的目的,具有说服的力量。不过最能引起人们感受的还是同类事物的不同待遇。有这么一个幽默顺口溜就是这种典型:

第六章 最实用的幽默方法

名人用过的东西叫"文物";凡人用过的视为"废物"。

名人酗酒称"豪饮";凡人多喝叫"贪杯"。

名人略上年纪称"某老";凡人年岁再高也叫"老某"。

名人与凡人握手谓"亲切";凡人与名人握手叫"巴结"。

名人强词夺理为"雄辩";凡人据理力争叫"狡辩"。

名人做蠢事称"轶事",传为佳话;凡人做错事叫"犯傻",遭人耻笑。

名人蓬头垢面谓"艺术气质";凡人不修边幅叫"流里流气"。

名人发脾气叫"个性";凡人发脾气叫"劣根"。

名人的无稽之谈谓"名言";凡人的谨慎之言叫"废话"。

名人的空话谓"指导";凡人的实话叫"唠叨"。

社会由男人和女人组成.所以男女之间的纠葛注定是永远的。有伤心的女人,也有丧气的男人。女:"现在的手机呀,一买下来,价格就直线下降,越来越低,唉……"男:"现在的女人呀,一娶回家,脾气就直线上升,越来越大。"瞧,这就是强烈反差的幽默趣味,它不但能让人发笑,还能善意、圆滑却不失力度地规劝他人。

如果是两个已婚男人捉对,容易形成诉苦会议。男人甲:"我妻子经常提起她以前的丈夫,真气人。""别生气,其实你很有福气,"男人乙劝解道,"你知道吗?我妻子经常提起她未来的丈夫。"同样是对自己的丈夫的不满意,但男人乙显然要倒霉得多。想必男人甲在听后,心里大约会舒服一些吧。

◆ 夸张吹牛

为何天上牛在飞？因为地上人在吹。

为何人爱吹牛？因为吹牛不上税。

吹牛的笑话很多，你平时既可收集，也可创作。有空你也不妨试着吹牛，反正吹牛不上税。美国有个吹牛者俱乐部，专以荒谬夸张吹牛为乐，可见这种幽默技法非常受欢迎。

荒谬的夸张总能引起人们发笑的，因为荒谬夸张本身包含了不协调，从而产生强烈的幽默效果。

有时工作闲暇讲几个吹牛的幽默段子，能调节一下紧张情绪，这种幽默段子越是夸张离奇，越能达到娱乐的效果。

吹牛也要有点本事，想吹得好还得讲点艺术。这世上的吹牛，大体可分为两类，一类是能吹出幽默感来，让人觉得蛮有意思；一类是吹出了悲哀，不仅觉得没啥意思，还给社会带来极大的危害。

幽默需要让人觉得蛮有意思的"吹牛"。《吹牛大王历险记》中有一个故事：吹牛大王在森林里打猎，遇上一头鹿，可叹的是手边没有子弹，只好把樱桃核发射出去，打在鹿额头，鹿跑了。过几天在森林里遇到该鹿，它头上长出了一棵樱桃树。吹牛大王一枪把它放倒，饱餐了一顿烤鹿肉加一顿鲜樱桃。另一个故事更加神妙：吹牛大王在森林里遇上了一只美丽的狐狸，就是用最小号的枪弹去打，也难免会伤损皮毛。他射出了一根大针，把狐狸尾巴钉牢在树上，然后折了一根树条，狠揍了狐狸一顿。狐狸见打不过，只好将躯体从自己的嘴里跳出去跑了。吹牛大王毫不费力得到了一张完美无缺的皮毛。

第六章　最实用的幽默方法

吹牛皮的幽默，妙就妙在极度夸张。类似"吹牛大王"这样的吹牛，不仅谁也不会去追究，而且还爱听爱看，因为他给人以幽默的欢笑。但是，对另一类吹牛，我们就决不能一笑置之了。这类"牛"吹得像模像样，却内藏不可告人的目的。这种吹牛其实是吹嘘，与前者的区别是：前者吹是为了娱人，而后者吹是为了愚人。

◆ 语体移置

将某一语体的表达移置为另一种完全不同的语体风格来表达。这叫"语体移置"。柏格林认为，移置是幽默致笑的一个重要方法，将某一思想的自然表达移置为另一笔调，即可得到幽默效果。

例如，当红学者易中天在《品三国》的讲演里，就常常运用语体移置的幽默招数，令听众如痴如醉。他说："韩信是待业青年""当时的诺，相当于现在的OK""朝廷派人去查吴王，也没有发现什么大规模杀伤性武器嘛""太子家令是个什么级别呢？大概算是一个中层干部"……甚至连网络新兴词汇也不放过："刘备对诸葛亮的好，好到让关羽和张飞觉得，就像老鼠爱大米。"外语也顺手拿来了："司马懿自己打马上前，大为惊诧，说牛鼻子老道搞什么搞？城门大开，他开party啊。于是撤军。"

当年，黄宏和宋丹丹表演的小品《超生游击队》里，为超生的孩子取名为"少林寺"、"吐鲁番"、"海南岛"、"大兴安岭"……形象地对"游击"的范围、"超生"的地址作了绝妙生动的解释。

谈情说爱本是甜言蜜语，卿卿我我，但一旦充斥了专业词汇，便顿生趣意。

下面一段对话对此种方法的运用更是引人入胜：

男：我搜索到一条重要信息：你爱我，是吗？

女：这条信息检索得真有价值，那你打算怎么处理！

男：这对我来说太有用了！我……恨不得……恨不得全部down（下载）下来……

女：怎么down下来？

男：将你的全部爱情粘贴到我的网站中！

女：妈妈原来说由我自己做主的，就怕到时不给我落实政策。

男：我们不需要父母的赞助！

女：小声点！你的喉咙，立体声似的，又不是做广告，要搞得人人皆知！

男：不要紧，这是公园最安全地带，是恋爱的特区。

上面的恋人把一些行业用语，移入恋爱情话中，调侃意味十分浓厚。

移置可以打破语体间的界限，实行"横向交流"，造成语体的互相倒位。此法具有极大的幽默性，被大量运用于喜剧小品的表演中。

如相声《杂读〈空城计〉片段》：

甲：诸葛亮当中一坐，前边是满营将官，他对当前敌人的活动进行了一系列的宏观分析！

乙：怎么分析的？

甲：诸葛亮说："根据我们侦察的情况，以司马懿为首的反动军队，自祁山一带向我方蠕动，从他们的行动来看，很可能进犯街亭，进一步占据西城，其目的是要把西城作为大规模侵略汉中的跳板。我们知道，西城不但是通往后方的交通干线，也是极为重要的战略要地，街亭又是西城的桥头堡。因此，我们必须主动出击，把进攻的敌人一网打尽。"

这里，诸葛亮流利地使用现代语言，今词古用，悖反了言语交际规律，很有情趣。

总之，突然改变特定语言环境中的特定意义，"褒词贬用""贬词褒用""今词古用""古词今用""俗词雅用""雅词俗用"，可令自己的语言表达充满幽默的张力，增加情趣。

不过，使用语体移置时，一定要注意把握好"度"，别把幽默和开玩笑混淆起来，否则那就不是可笑了，而是伤人，你会让听众看不起。

有这样一个例子：某个旅游团游览完某个城市后，当地的导游小姐提前下车回家并向大家告别。游客们也纷纷向导游小姐道谢，有的说"再见"，有的说"bye bye"。但有两个小青年自认为是有幽默细胞，说："导游姑娘，走好。"另一个添油加醋地说："一路走好。"从字面上看，这些话没错，但他们把追悼会上用于悼词、挽联一类的语体移植到与活人告别上来。倘若是很熟的人，权当开个玩笑，但对半生不熟的人这样做，就是玩笑开过度了。所以，千万别让移置的语体伤了人。

◆ 比喻谐趣

有个非常想当诗人的人站在大海边，看到一望无际的海天一色，便忍不住抒情："大海啊，我的母亲……"话音刚落，一个浪打了过来，"诗人"猝不及防，被海浪掀翻倒地。

他爬起来心里愤愤地再抒情："你……你……你真像我的后娘！"

比喻，是人们表达自己意愿时常见的修辞方法之一，通常是根据甲乙两类不同事物的相似点，用乙事物来比喻甲事物。运用比喻，把抽象的事物、深奥的道理讲得具体形象、通俗易懂。

比喻也是幽默艺术中常用的方法之一，有明喻、暗喻和借喻等多种使用方法。幽默艺术在运用语言移植技巧时常常采取明喻和暗喻，而在运用语言交叉技巧时常采取借喻。

明喻是由本体、喻体和喻词三部分构成的；暗喻由本体和喻体两部分构成；而借喻则是以喻体代替本体。在语言移植技巧手段中，本体、喻体和喻词之间的差距极大，褒贬色彩也截然不同，含蓄而又出人意料的比喻常能给人意料之外、情理之中的感觉，达到意味深长、令人忍俊不禁的幽默效果。在语言交叉技巧手段中，巧妙的借喻使表面意义上的喻体和其所暗示的、带有一定双关意义的本体构成交叉，让人在领悟了比喻的真正含义后发出会心的微笑，因而具有很强烈的幽默效果。

一次，有人问爱因斯坦什么是相对论，爱因斯坦解释说："你同你最亲爱的人坐在火炉边，一个钟头过去了，你觉得好像只过了五分钟；反过来，你一个人孤孤单单地坐在热气逼人的火炉边，只过了五分钟，但你却像坐了一个小时。这就是相对论。"爱因斯坦用人们日常生活中的真切体验来解释高深玄妙的相对论原理，让普通人也能理解。

人们幽默是为了描绘事物，或阐述道理，或表述情感等，要把这些东西表述得生动具体，使别人印象深刻，并不是一件容易的事。如果能运用贴切的比喻，就能化难为易，话半功倍，具有说服力。

在旧中国，曾有过容许纳妾的封建制度，上世纪初的国学大师辜鸿铭先生就是一位封建制度的鼓吹者。一次，一位反对纳妾制度的外国女士问他："您崇尚一夫多妻制度，那么你认为一妻多夫制度怎么样？"

辜鸿铭笑道："我常常见到一个茶壶配四个茶杯，却从未见过一个茶杯配四个茶壶。"

幽默所采用的比喻手法和一般修辞意义上的比喻在审美要求方面是截然不同的。一般的比喻以贴切、神似、谐调为原则，但幽默则反其道而行之，刻意追求由反差过大或对比荒谬所造成的不谐调，这是比喻在幽默表现方法中的一种特殊用法。

举个例子，有一位司机不小心违反了交通法规，被交警扣下了。他磨叽了半天，总是强调自己真的不是故意违反交规，而是不小心违反的。交警也有些无奈，而且这个人违章现象并不严重，但教育了半天似乎不处罚也不行，有点下不来台。交警有些不情愿地问："我已经纠正你半天了，那你想怎么接受处罚？"这位司机看到有松动的迹象，马上运用了一个谐趣的比喻，尽管不文雅却也挺幽默，他说：

"得，咱们来一个干脆的吧，就当我是一个屁，您把我放了吧。"结果不用说，您也猜得到。

◆ 一语双关

运用汉语的多义或同音现象，在特定的语境中，有意使词句具有双重意义，达到言在此而意在彼的表达效果，称之为"一语双关"的幽默法。

"一语双关"又分为"借义双关""寓意双关"和"谐音双关"。

其中，"借义双关"是利用词语的多义性，借用词语的表面意义来表现更深层的意思。下面几则广告词，就是典型的"借义双关"：

不打不相识——打字机商店广告；

虽属毫末技艺，却是顶上功夫——理发店楹联；

实不相瞒，好电扇是吹出来的——某电风扇厂的广告。

"寓意双关"则是指在特定的语境条件下，借眼前的事物来讲述所说意思，言在此而意在彼。这种双关的特点是用单一意义的一句话、一个句群、一个段落或一个语篇，临时关涉两个事物、两个对象。这种双关依赖语境而形成，离开某种具体的语境，则不能成立。

小鹃带新结识的男朋友第一次回家见父母。路上，小鹃对男朋友说："有一只熊猫深爱着小鹿，表达爱意时却遭到拒绝，你知道是为什么吗？"

男友运用自己的全部智慧，也没有回答出一个"正确"的答案。

在男友的一再要求下，小娟给出了答案："因为小鹿的妈妈说了，戴墨镜的都是一些不良少年。"

话音刚落，男友就大笑起来。笑着笑着，突然停了下来，把自己喜欢耍酷的墨镜摘了下来。

原来，小娟的母亲是一个比较传统的家庭妇女。小娟怕新男友不被母亲接受，就用了这个幽默。

小娟表面上是在说一个幽默，实际上是在提醒男友摘掉墨镜，并进而提醒男友在自己母亲面前要表现"规矩"一些、传统一些，以讨自己母亲的欢心。从这个意义上说，这是寓意双关。寓意双关的特点是更含蓄、隐晦，更能表现出说话人的机智，让听话人感到词语意味的深刻。不了解他们关系的人，只能从字面上理解，认为是在讲笑话，不能理解笑话的深层意义。

"谐音双关"是利用音同、音近的词语来制造的"双关"。

相传，李鸿章有个远房亲戚，不学无术、胸无点墨，却想通过科举，平步青云。这年他来参加考试，试卷到手后，就头冒冷汗，连"破题"也不知从何处入手，做了半天的文章也不知自己写下了什么。后来他想："我是中堂大人的亲戚，将这层关系拉上，主考官敢不录取？于是他写道：'我是中堂大人李鸿章的亲妻。"他把"戚"错写成了"妻"。

那主考官为人正直，看了那狗屁不通的卷子正要扔掉，又见上面有一行字，看后，他就在下面批道："因你是李中堂大人的亲妻，所以我

第六章　最实用的幽默方法

不敢娶。"

此主考官顺着浑蛋考生的错误，巧妙地运用双关法幽了对方一默。这里的"娶"，即是"录取"之"取"，又是冲"亲妻"而"嫁娶"之"娶"去的。

清宫戏中的纪晓岚和和珅分别担任侍郎和尚书职务，有一次两人同席，和坤见一狗在桌下啃骨头，便问纪晓岚：

"是狼（侍郎）是狗？"

纪晓岚马上回答："垂尾是狼，上竖（尚书）是狗。"

说实在的，两人都在骂人，但都含而不露，谑而有度。纪晓岚急中斗智，巧用谐音，以眼还眼，令人称快。

无独有偶，在狗啃骨头上做文章的，苏东坡也有一例：

这天，苏东坡与友人承天寺的和尚参蓼泛舟赤壁，见一狗在河滩上啃骨头，灵机一动，说：

"狗啃河上（和尚）骨。"

参蓼一听，觉得话中有话，马上也回敬一句：

"水流东坡诗（尸）。"

两人听罢都哈哈大笑。表面听来，是吟诗写实，颂扬风雅，实际是互相戏弄，互相嘲笑。

在"一语双关"的实际运用中，最为重要的是对双关词的选择。要做到恰当地选择双关语，实际上并不难，只是平时多用自己的幽默思维，多注意积累就行了。

◆ 戏仿模拟

戏仿模拟法就是把原有的语言和情境移植新意，与原意形成对照，从而产生不协调之趣，造成幽默感。

仿拟，原为修辞格之一，即为使语言诙谐讽刺而故意仿照一种既成的语言形式。在幽默口才中，常常使用此法来制造幽默。

法国19世纪的著名作家台奥多尔·冯达诺在柏林当编辑时，收到一个青年寄来的几首拙劣的诗要求发表，并附了一信："我对标点向来是不在乎的，请您帮助填上吧。"冯达诺很快给那个青年退了稿，并附信说："我对诗向来是不在乎的，下次请您只寄些标点来，诗由我自己来填好了。"

一个说"对标点向来是不在乎"，另一个则说"对诗向来是不在乎"，都是书面语言，如果两人当面对话，肯定也是非常幽默的。

运用模拟幽默法要把握好这样三个字：名、热、新。

名，是你所模拟的应当是知名度高的名篇、名言、名句，或大家熟悉的成语、台词、俗话等。旧瓶装新酒亲切自然。

热，是你要表达的内容要与时代合拍，最好是人们关心思考或者有争议的热门话题，这样能很快引起人们联想，产生共鸣。

新，是观点新，这是模拟幽默法的灵魂。也就是说，旧瓶装了新酒还不够，还必须装上新的气息，以造成幽默的醉人气氛。

模拟幽默法的方法有顺拟法、反拟法、比拟法、仿拟法、别拟法等。模拟的要诀在于出人意料地把毫不相干的事扯在一起，内容越是风马牛不相及越好，距离越大越能引发效果；在形式上，则越是接近，越

第六章 最实用的幽默方法

有幽默的效应。

顺拟法是顺着旧格式拟出新的内容。由于这种手法多用于触景生情而即兴创作，所以，常能迸发出新的寓意和偶发词。

反拟法就是把我们在日常生活中的习惯用语，偶尔反用其意，造成新奇的幽默感。比较而言，反拟比顺拟更能留下深刻的印象，这是反差造成的效果。例如：

有一位经理，在大会上给员工们作报告。为了严肃纪律，奖勤罚懒，他坚决地说："谁说我们是杀鸡给猴看？我们还偏要杀个猴给鸡看！"

"杀个猴给鸡看"这个反拟的幽默在这场会议中，不是扮演了一个恰如其分的角色吗？

反拟法看起来简单，只是要将现成话反过来说，但是，必须说到点子上，才有幽默感。只要你懂得点到为止的道理，强扭的瓜也甜。

在"反拟法"的实践过程中，一定要注意反拟对象的选择，能找到精妙的搭配对象，幽默的效果才能更明显。

还有这么一个故事。

甲鱼又叫团鱼或鳖，俗称王八。其味鲜美，其价也日益昂贵，"吃的不买，买的不吃"，实乃送礼的极佳礼品。

甲鱼是乡下名贵水产品，乡下人的礼品能送到甲鱼，已是极高级的了。某乡下人想为其子在一公司中谋一职，遂携甲鱼数只去公司送礼，因其重量不同，又须按"职"分配，为免错记，故将官名写在纸上，贴于鳖背。

到公司大楼前，天色已晚。不料竹篓倾覆，众甲鱼乘暮色争相逃命，乡下人忙呼叫儿子：

"赵总经理"跑啦！那个块头最大的。

做一个大家都喜欢的幽默高手

抓住"钱经理"——小心它咬手。

那墙角黑压压的,莫非是"孙主管"?

"李秘书"个头小,爬得快,怕是找不到了。

某报曾刊登过这样一篇寓言:

饥猫与饿虎相遇。猫问虎:"我因吃不到东西而饥饿,你精神不振,难道也吃不到东西吗?"

虎答:"我一直以人为食物,只是现在这个世界上,难以找到一个像模像样的人,我怎么还有东西吃呢?我真的有可能要被饿死了,这是我为什么精神不振的原因;而你一直以鼠为食,这世上没有人了,难道老鼠也没有了?"

猫叹道:"怎么能说现在世上没鼠呢?只是近些年来鼠辈太多,且越来越多有集体意识,其中的一些又极会钻营,一个个都钻营到拥有很高的地位,护卫森严,教我如何敢去吃它!"

这是一则难得的寓意较深、讽世尖刻的幽默,是"比拟法"中的一篇杰作。试想,如果不是透过"猫虎对话"来把世上的坏人臭骂一通,一般还真不容易制造出这么好的效果。

模拟幽默的另一主要方式即"仿拟"。所谓仿拟,即故意模仿现成的词、语、句、调、篇及语句格式临时创造出新的词、语、句、调、篇及语句格式。

在人际交往中,恰当地运用仿拟可以更好地帮助你与交际对象沟通情感;把原本很生硬、很无味的"死"语言化为生动活泼、诙谐幽默、意趣横生、新颖奇妙的"活"语言,可见,仿拟是幽默赖以产生的一块"肥沃的土地"。仿拟主要借助于某种违背正常逻辑的想象和联想,把原来适用于某种环境、现象的词语用于另一种截然不同的新的环境和现象之中,产生一种新鲜、奇异、生动的感觉。

第六章　最实用的幽默方法

有些人精力过剩，浪费过度，有劲没处使，有力没处用，整天泡在麻将里。

"春眠不觉晓，时间何时了，夜来麻将声，输赢知多少。"

某大学一位团委书记，在汇报工作时谈到当今部分学生厌学状况，仿拟刘禹锡的《陋室铭》讲了一段"教室铭"：

"分不在高，及格就行；学不在深，作弊则灵。斯是教室，惟吾闲情。小说传得快，杂志翻得勤。琢磨下象棋，寻思看电影。可以打瞌睡，写家信。无书声之乱耳，无复习之苦心。虽非跳舞场，堪比游乐厅。心里云：混张文凭。"

全场听众屏息静听，听完一齐欢笑出声，笑完又陷入沉思。这位团委书记的发言效果良好，当归功于"仿拟名篇"的技巧。

有人感谢朋友专程送行，手执朋友双手，吟道："淀山湖水深千尺，不及老友送我情。"也算是仿拟李白的诗句："桃花潭水深千尺，不及汪伦送我情"，显得情真意切。

在讲话中仿拟名句，以求生动的做法，古来就有先例。

据说，苏东坡和好友刘颁等人一起饮酒，相约各自仿照古人名篇即景讲述。轮到苏东坡时，他看到刘颁因病而脱光了鬓发的脑袋，还发现刘颁的鼻梁也陷了下去，陡然想起刘邦的《大风歌》："大风起兮云飞扬，威加海内兮归故乡，安得猛士兮守四方？"于是吟道："大风起兮眉飞扬，安得壮士兮守鼻梁？"两句戏言，引得众人大乐。

与其他方法制造的幽默相比，仿拟法制造的幽默常常带有讽刺的意味。

一次，与丘吉尔共事的保守派议员威廉·乔因森希克斯在议会上演说，看到丘吉尔摇头表示不同意，便说："我想提请尊敬的议员注意；我只是在发表自己的意见。"丘吉尔对答道："我也想提请演讲者注

做一个大家都喜欢的幽默高手

意,我只是在摇我自己的头。"

有一首词讽刺了某些机关机构臃肿,处处大锅饭的弊病:

才不在高,应付就行;学不在深,奉承则灵;斯是科室,惟吾聪明。庸俗岂有趣,流言作新闻。谈笑无边际,往来有后门。可以打毛线练气功。无书声之乱耳,无国事之劳神;调资不落后,级别一样升。古人云:"乐在其中。"

面对学习、考试,有些同学这样说:

"读书诚可贵,考试价更高,若非文凭故,二者皆可抛。"

仿拟的关键在于出人意料地把毫不相干的事扯在一起,内容越是风马牛不相及越好,距离越大越能引起惊讶,仿拟本体与新词结构越相似就越有幽默性。

古典小说《红楼梦》问世以来,不知多少人模拟里面的《好了歌》抨击时弊。前些年有这么一首:

世人都晓"倒爷"好,倒来倒去都"发"了!只要能把大钱赚,道德良心不要了。

世人都晓"后门"好,这条路子"没治了"!不管事情有多难,最后全都办成了。

世人都晓"宴会"好,"四菜一汤"吃肥了!你请我来我请你,反正公家报销了。

世人都晓"扯皮"好,不费力气不费脑!扯上三年与五载,问题自然不见了。

诸如此类套用旧格式填上新内容的模拟法,很像填词,只要你有感而发,就不会"为填新词而发愁"了。

别拟法要拟得自然贴切,切忌生搬硬套,应当追求天然的妙趣,人为的痕迹越少越好。

第六章 最实用的幽默方法

我们为什么要通过模拟的方法，让幽默感在模旧中拟新呢？一方面是顺应人们喜新厌旧的心理，另一方面也不忽视人们喜新恋旧的心理，将这两种心理融合在一起，也便产生了模拟幽默法。

◆ 硬套逻辑

举个例子：老王在平常是个无比"节俭"的人，而且说话有些"绝对"。大家好言相劝总是解决不了问题，老王依然故我。那天到吃午饭时，老王又发表看法："瞧瞧，这一次性筷子扔掉多可惜，应该洗洗再接着用。"大家不同意这种做法，争了半天也没说服老王。偏巧这时经理也坐到桌上来吃饭，听说这个争论后便劝老王，一次性东西在完成使用价值后确实应该丢弃，可老王倔强地认为：

"一次性东西就应该反复使用，这样才能节约资源。"

经理反问了一句：

"老王，照你的逻辑，你是否把手纸洗一洗再用啊。"

大家都笑了。老王后来还真不那么过度"节俭"了。

我们的生活中，许多东西都是一是一，二是二，如果谁今天说的和昨天说的不同，那么这人无疑"很差"。孩子的脑海里也逐渐学到一些"逻辑"知识，只不过是生搬硬套某种看似合理的逻辑，难免闹出笑话。

大刘的儿子到姑姑房间里玩，回到大刘身边时拿着一小袋糖，说是姑姑给的。

大刘问："你说了'谢谢'没有？"

"啊，忘了。"儿子马上又跑到姑姑房里去道谢，回来以后对大刘说：

97

做一个大家都喜欢的幽默高手

"其实我不用去谢姑姑。"

"为什么呢?"大刘问。

"姑姑说,'好孩子,不用谢'。"

上面两则幽默是天真的孩子在无意中"炮制"出来的。其实,成人也可有意炮制幽默。

牛津大学有一位叫作艾尔弗雷特的年轻人,有次在同学面前朗诵了一首新诗。同学查尔斯说:"艾尔弗雷特朗诵的诗很美,不过,我好像在哪本书中见过。"

艾尔弗雷特听了很恼火,要求查尔斯公开道歉。

查尔斯在一周之后,真的在公开场合向艾尔弗雷特道了歉。他沉痛地说:"我说的话,很少收回。不过这一次,我承认是我错了。我本来以为艾尔弗雷特是从我读的那本书上偷来的,但我在房里翻开那本书一看,发现那首诗仍然在那里。真的对不起!"

诗被抄袭,发表的原印刷物当然还在,查尔斯用偷东西的逻辑推理说明抄袭一事,创造了以上妙趣横生的幽默。

硬套逻辑的幽默法,在日常生活中也随处可见。

硬套逻辑的幽默手法运用最成功的是相声大师侯宝林先生的相声名段《醉酒》。在这段相声里幽默效果达到最高峰的时候,便是两个醉鬼的对话:

甲:"你说你没醉,来,你来这个。"(从腰中掏出一物)

乙:什么?

甲:拿出一个手电筒来,往桌上一放,一按电门,不是出现一个光柱吗?

乙:是呀。

甲:你听这话醉了没有?"你说你没醉。来,你顺我这柱子爬

第六章 最实用的幽默方法

上去！"

乙：啊？那能爬上去吗？

甲：另一个也不含糊呀："这算什么？你别来这套，这套我懂。我爬上去呀？我爬到半道儿，你一关电门我不掉下来呀？！"

"爬柱子"符合逻辑，爬光柱就是硬套逻辑；而更经典的是，柱子是能爬的，突然没有柱子就会掉下来，这也是正常逻辑思维，但被醉鬼硬套成"爬光柱"已经爬到半道儿，电门关了，光柱没了，他掉下来了。这种幽默效果十分经典啊。

◆ 故作糊涂

据说，这是军阀韩复榘视察某大学的演讲片段——

诸位，各位，在齐位：今天是什么天气？今天是演讲的天气。开会的人来齐了没有？没来的举手，很好，都来了。

……你们都是大学生，中学生和留洋生，你们这些乌合之众是化学化的科学科的，都懂七八国的英语，兄弟我是大老粗，连中国的英语都不会。你们是笔筒里爬出来的，我是从炮筒里钻出来的，今天能在这里讲话，真是我蓬荜生辉，感恩戴德。其实我没资格给你们讲话，讲起来嘛就像对牛弹琴。

……最近委员长倡议的新生活我赞成，就是有一条"行人靠右走"我不赞成，这实在太糊涂了，大家想想，行人都走右边，那左边留给谁啊？

……还有件事，兄弟我想不明白，人家外国人都在北京建设大使馆了，就缺我们中国的。我们中国为什么不在那建设个大使馆？

……我刚才跑过操场时，看到一群学生在抢一个球。十多个人穿着

做一个大家都喜欢的幽默高手

短裤：为一个球抢来抢去，多不雅观。明天叫你们总务处派人到我府上领笔钱，多买些球，最好是人手一个，免得在大庭广众下失态……

这些令人捧腹大笑的昏话，穿插在演讲中，令其演讲潇洒风趣。莎士比亚在其著作《第十二夜》中，让主人公说出了这样一句话："因为他很聪明，才能装出糊涂人来。彻底成为糊涂人，要有足够的智慧。"特殊场景中的故作糊涂其实是一种机智的应变，是一种大智若愚的表现。

在一些意外的场合，常常会碰到一些意想不到的事情，处理不好着实尴尬万分。既然要化解难堪，不妨故作糊涂。

故作糊涂法的妙处在于真则假之，假则真之，正话反说，反话正说，这样大家都能体面地从困窘中"拔"出来。

下面是俄国著名诗人普希金的一个装"糊涂"的故事。

普希金年轻的时候经常参加贵族们在家里举办的沙龙，不过那时候的他还不是很有名气。有一次，在彼得堡一个公爵家里举办的舞会上，他邀请一位年轻而漂亮的贵族小姐跳舞，这位小姐十分傲慢地说："我不喜欢和孩子一起跳舞。"普希金微笑着说："对不起，亲爱的小姐，我不知道你现在怀着孩子。"说完，很有礼貌地鞠了一躬转身走了。

普希尔巧妙地回击了无礼的贵族小姐，使自己体面地下了台。类似这种突发情况下的故作糊涂，都是一种高超的机智应变的手段。

在人际交往中，有时故作糊涂有着很强的戏谑性。人们不会为一个人的聪明而发笑，也不会留意那些刻意耍弄的小聪明，但糊涂却是人们的聚焦点，不管是真的，还是假的，人们都乐于为之开怀。何况故作糊涂本是高度机智的产物，对方和自己都明白其中的"呆傻"的成分，双方心照不宣，又抵制不住其俏皮的诱惑，笑得也就更加的快意和自然。

应当注意的是，故作糊涂背后所隐藏的真实意思，必须要让对方稍加思考后才能明白,即要让对方很容易明白你演出的"呆傻"是假的,是你故意运用它来制造幽默。不然,对方不仅领会不到你幽默的本意,反而会真的认为你是一个愚蠢的人而疏远你,这就背离了用幽默来社交的本意。

◆ 极度荒谬

在一场大火灾过后,得救的年轻美貌女子对一个见义勇为,冲入火场营救自己的年轻小伙子说:"真是谢谢你,你为了救我一定花了不少力气吧?"

小伙子擦了擦汗:"那当然!为此我打退了三个消防员!"

哈哈,你相信小伙子的话吗?——但相不相信又有什么关系呢?哪有火场救人不费力的。小伙子用明显荒谬的回答,巧妙地避开了自夸的嫌疑(他要是循规地叙述救人的艰难,难免有夸耀的嫌疑),并展示了自己的乐观与幽默。依编者看,这个小伙子要是未婚的话,难免会成就一番姻缘呢。

对于荒谬至极的幽默来说,有结果自然重要,但更重要的是导致荒谬的过程,要让听众看到荒谬的前因和后果之间的逻辑关系是如何一步又一步,一个环节又一个环节地被歪曲的。

冯梦龙所作《雅谑》中创造了一个真痴真呆的"迂公"形象,以一点着迷至极端而不悟为特点。

迂公家中收藏着几张宋朝的纸,恰逢有一个有名的书画家从外省来,有人就建议迂公请这个有名的书画家在他名贵的纸上留下笔墨。迂公说:"你想糟蹋我的纸吗?我收藏宋朝的纸,当然要等宋朝人来画。"

做一个大家都喜欢的幽默高手

身为明朝人而等待着明朝以前几百年的宋朝人来画，实际是把未来当成了过去。这个迂公太着迷于宋朝的纸了。

有人告诉迂公："马肝很毒，能毒死人。"

迂公不相信，笑起来说："胡说八道，肝在马肚子里，马为什么不死？"

这个人和他开玩笑："马活不到一百年，原因就在肝。"

迂公恍然大悟。正好他家中养着一匹马，就剖开马肚取肝，马当场死了。迂公把刀扔在地上叹息说："一点不错，马肝非常毒，把肝拿掉，马还是活不成，何况留在肚子里！"

迂公故事中这类故事是幽默感最强的，原因是既有一个着点，又有一个极化点，极化点把着迷点的荒谬性大幅度地加强了。开头问马肝在马肚里，马为什么不死？这样的问题已经很荒唐了，最后又杀马取肝，居然得出"拿掉还活不成，何况留在肚中"的结论。这是反向求因造成的怪诞，不过这里的原因不是一般的反向，而是反向的极端。

荒谬的幽默不只是来讽刺别人，还可以用来缓解对立，营造和谐气氛。

比如这样一个笑话。

宰相庆祝八十大寿。为借机发财，他不管亲疏远近，到处发请帖。

纪晓岚对此十分不满，到寿辰前一天打发人送去大红幛一个，上写四个大字："真老乌龟"。

宰相见了，十分恼火。第二日，请纪晓岚当面解释。

纪晓岚从容地说："君为前朝老臣，年且八十，是为'老'；世世代代乌纱盖顶，是为'乌'；自古以来，龟鹤齐名，都是高寿的象征。魏武帝是何等人物，尚且称颂龟为神龟，欣逢老相国寿辰，以此神物祝颂，当为不妄；'真'者，实实在在，当之无愧之意也。"

第六章　最实用的幽默方法

经他这一解释，众人哭笑不得。老宰相有苦难言，一时想不起合适的对策，只得改容相谢。

◆ 谬上加谬

谬上加谬法与荒谬极端化是有区别的，它是把荒谬层层演进的幽默方法。它不但要求有幽默感，还要幽默感不断增强。这就要求把微妙的荒谬扩大为显著的荒谬，把潜在的荒谬提高为摆在面前的荒谬。在前面我们介绍过侯宝林先生的相声《醉酒》中的对话，就是典型的谬上加谬。

我国古代有个笑话：说是一个人非常吝啬，从来不请客。有一次别人问他仆人，他什么时候能请客，仆人说："要我家主人请客，除非等到来世。"主人在后面听到了，骂出声来："谁要你许他日子。"

"来世请客"已经是彻底否定了，说的人和听的人都很清楚，没有疑问。从传达思想来说这种荒谬已经足够了，但是从构成幽默的效果来说它太平淡了，还不够到位，幽默感所要求的荒谬必须得有点绝才成。

这个主人绝就绝在明明来世请客是永远不请客的意思，他却认为还不够。因为从形式上来说来世请客，还没有到从内容到形式都达到绝对否定的程度。在他看来哪怕是否定请客的可能性，只要在字面上有肯定的样子也是不可容忍的。正是这种绝对的荒谬就产生了幽默感。

有一个罗马时期流传下来的故事。有个人想要安安静静地工作，就吩咐仆人，如果有人来访就说他不在家。这时有一个朋友来了，远远看到他在家，虽然他不相信仆人所说的话，但仍然回去了。第二天，这个拒绝接客的人反过来去拜访他的朋友，他的朋友出来对他说："我不在家，我不在家！"

做一个大家都喜欢的幽默高手

客人大惑不解。朋友接着说:"你也太过分了,昨天我都相信了你仆人的话,而今天,你居然连我说的话也不相信。"

这话才叫绝了。

这一句话中包含着多个层次的荒谬。第一个层次,明明在,却说不在;第二层次,你昨日明明在,却让仆人说不在,这成了我今日说不在的前提;第三个层次,我明明知道你仆人说谎却相信了,我比你的仆人地位更高,因此你该相信我的话。

强化幽默效果的方法除了把荒谬逐步推向某个高度来谬上加谬外,还可以将多个荒谬集中在一个焦点上,成为复合的荒谬,我们把这种幽默方法叫作谬上加谬或谬上叠谬。

谬上加谬的特点是不管何种可能性,只管一条路往荒谬的结果上推演,于荒谬绝伦时就会有强烈的幽默感。

◆ 连锁归谬

连锁反应是应用"一是百是,一非百非"的特点,推出荒唐的结论。我们通常用"连锁反应"一词来表示一事物发展过程中呈现出的严格因果联系,其实在幽默的具体应用中也有相同的情况。然而简单而一般的因果推理并不见得就有出其不意的幽默功能,为了将幽默的主题不断推向高潮,强化幽默效果,还要将连锁推理与归谬法有机地结合起来,归谬是就推理的结果而言的。在具体推理过程中用连锁推理法,但在最后结论上却得出谬误的结果,这就是连锁归谬法的基本程序。

从理论上来看,连锁归谬术似乎神乎其神,叫人难以把握,但这种逻辑推理方法的具体运用,相信即使原先对此闻所未闻的读者也会对该技巧心领神会。

第六章 最实用的幽默方法

连锁归谬法与诡辩中的循环论证在本质上是有些相同的。

因为，论据的真实性不能依赖论题来证明，否则要犯"循环论证"的逻辑错误。但是诡辩者在为其谬论辩解时，常常有意识地制造循环论证。

鲁迅的《论辩的魂灵》专门揭露了这种诡辩的方式，论文中有这样一段话："……卖国贼是说谎的，所以你是卖国贼。我骂卖国贼，所以我是爱国者。爱国者的话是最有价值的，所以我的话是不错的，我的话既然不错，你就是卖国贼无疑了！"这段话中，"你是卖国贼"是论题，"我是爱国者"是论据，而"我是爱国者"的真实性又是依靠"你是卖国贼"来证明。鲁迅所揭露的这种诡辩方式，正是"循环论证"典型案例。

举个例子来说明连锁归谬法的使用。有一天，有个地主在家里喝酒，正喝得高兴的时候，酒壶里没有酒了，他连忙喊来长工去给他打酒。

长工接过酒壶问："酒钱呢？"地主很不高兴地瞟了长工一眼说："有钱才能打酒算什么本事？"

长工没有再说话，拿着酒壶就走了。过了一会儿，长工端着酒壶回来了，地主暗自高兴，接过来就往酒杯里斟酒，可倒了半天也没倒出半滴酒，原来酒壶还是空的。

地主冲着长工喊叫："怎么没有酒？"长工不慌不忙地回答道："壶里有酒才能倒出酒来算什么本事？"

长工为了反驳地主"有钱才能买酒来不算本事"的观点，先假设地主的观点是正确的，然后由此推出一个新的"有酒才能倒出酒来不算本事"的观点，给了地主的观点沉重的一击。像这样先假设对方的观点是正确的，再由此推出荒谬的结论来反击对方的方法就是连锁归谬法。

做一个大家都喜欢的幽默高手

根据由对方的观点推出新的论点时所采用的不同推论形式,连锁归谬法大致可分为以下两种。

1. 条件归谬式

条件归谬式是在由论敌的观点推出新观点的过程中使用条件推演方法。

东汉哲学家王充,曾和一些有迷信思想的人发生过一场论辩。有人说:"人死了,人的灵魂就变成了鬼,鬼的样子和穿戴跟人活着的时候一模一样。"

王充反驳道:"照你们这么说,一个人死了他的灵魂能变成鬼,难道他穿的衣服也有灵魂,也能变成鬼了吗?照你们的说法,衣服是没有精神的,不会变成鬼,如果真的看见了鬼,那它该是赤身裸体,一丝不挂才对,怎么还穿着衣服呢?并且,从古到今,不知几千年了,死去的人比现在活着的人不知多多少。如果人死了就变成鬼,就应该看到几百万、几千万的鬼,满屋子、满院子都是,连大街小巷都挤满了鬼。可是,有几个人见过鬼呢?那些见过的,也说只见过一两个,他们的说法是自相矛盾的。"

于是有人辩解说:"哪有死了都变成鬼的?只有死的时候心里有怨气、精神没散掉的,才能变成鬼,古书上不是记载过,春秋时候,吴王夫差把伍子胥放在锅里煮了,又扔到江里。伍子胥含冤而死,心里有怨气,变成了鬼,所以年年秋天掀起潮水,发泄他的愤怒,可厉害呢,又怎么能说没有鬼呢?"

王充说:"伍子胥的仇人是吴王夫差。吴国早就灭亡了,吴王夫差也早就死了,伍子胥还跟谁做冤家,生谁的气呢?伍子胥如果真的变成了鬼,有掀起大潮的力量,那么他在大锅里的时候,为什么不把掀起大潮的劲儿使出来,把那一锅滚水泼在吴王夫差的身上呢?"

第六章　最实用的幽默方法

王充反驳论敌时就使用了条件归谬式。他先假设论敌的观点是正确的，由此推出了一系列的荒谬结论，给了论敌当头一棒，让他们张口结舌，哑口无言。

使用条件归谬式时必须注意，在由被反驳的论点推出新的论点的过程中，必须遵守条件分离术或条件拒取术中的有关规则。如果违犯了有关规则，这种条件归谬式就是错误的。

有一人家里有人去世，居丧期间，偶然吃了一餐红米饭，有人对此发表议论："家里死了人是不能吃红米饭的，因为红色是喜色。"

这家主人反驳道："难道吃白米饭的就是家里死了人吗？"

这家主人反驳对方使用的条件归谬术的形式是错误的，因为他由对方的观点推出新观点时使用的是由肯定后件到肯定前件的错误形式。

一些诡辩者往往喜欢用这种错误的条件归谬式来刁难对方，我们可以指出诡辩者的这种错误来进行反击。

2. 类比归谬式

类比归谬式，是指在由被反驳的论点推出新的论点时，使用类比推理方法。

有这么一个例子，小张淘米时，使劲用手搓洗大米。老王看到后便劝他不必这样淘洗大米，因为这样会损失大米表皮的营养，何况现在的大米都是工厂加工出来的。小张不听劝，反倒说正因为工厂加工出来才有可能被污染。老王听了后，便幽默地讲："工厂加工后有污染，那面粉也是工厂加工出来的，你怎么不洗面粉呀？"

老王反驳小张用的是类比归谬式，先假设对方的论点是正确的，并以此为前提运用类比推论方法推出"既然大米要淘洗，那面粉也应该淘洗"的结论，有力地驳倒了对方。

应该特别注意的是，诡辩者常常利用类比归谬式来为其错误辩护。

做一个大家都喜欢的幽默高手

他们主要在于由被反驳的论点推出新的论点的过程中犯有机械类比的错误。我们在揭穿这种诡辩时,就必须将其机械类比的错误揭示出来,并且加上幽默的效果。

2008年春晚中的小品《说事》中就使用了这种典型做法。

有一病人来到医院,向医生说:"我近来很不正常,吃什么拉什么,吃黄豆拉黄豆,吃西瓜拉西瓜。"接着就问医生怎样才能恢复正常,医生沉默了一阵说:"你想要拉什么样的结果呢?"病人说:"当然是拉正常的屎呗。"医生说:"这要看你吃什么了。"病人说:"总不能说让我吃屎吧?"……

这也是类比后的结果出现谬误,关键是病人自己先设下了类比的"陷坑",结果自己又跳了进去。

如果医生幽默一点儿,也用类比归谬的幽默解释说:"放心吧,不会让你吃药又拉药的,否则我们医生该怎么活?"接着,说上几句安慰话,病人会很高兴的。

◆ 歪打正着

歪打正着的幽默,指的是用荒唐的歪道理去解释说明某些正常的提问。其幽默在于看似歪打,实却正着。也就是最后的一句幽默回答,与发问既要有一定的逻辑关系,却又不是人们所理解的常理。而且,幽默的效果是随着"歪理"成比例增长的,理越歪,幽默效果越佳。

"牛皮最大的用途是什么?"

"做皮衣。"

"不对。"

"用来吹。"

第六章　最实用的幽默方法

"还是不对！牛皮最大的用途是把牛包起来。"

我们普通人的思维大都存在着一种定势，突然听到一种"奇谈歪理"，也算是令人愉悦新奇的心理体验。听的人不免眉开眼笑、精神为之一爽，于是就有了幽默的效果。

一老师在语法课上要求同学们举一个省略主语的短句为例子。

丹丹被叫起来，思考一会儿答道："不知道。"

老师很高兴地评价道："很好，答得既正确又巧妙！"

丹丹这种歪打正着的回答，与答者的本意截然相反，这种反差正是幽默的来源。以下这则幽默就是反用这种方法形成的。

过去国外一剧场的女观众大多戴帽看剧，影响后面观众。剧场老板苦思良久，最后贴出一张告示：本剧场特许老龄女士戴帽看剧。

从此以后该剧场不再有女士戴帽看剧了。

女性天性爱美，特别忌讳"老"字，剧场老板利用这一女性弱点，用"歪打"，巧妙解决问题。

幽默来自思维的睿智与灵活，了解掌握一些常见的幽默之法，可以使其成为日常应变的手段。它既可以在笑声中融洽关系，更能够活跃气氛。健康的幽默是人际关系的兴奋剂，是现代人高素质高品位的一种表现。

平时我们在与人交谈时，要求同一概念的前提要一致，否则便犯了偷换概念的逻辑错误。但是，如果把这种幽默方法用到人际交往中，就是一种绝妙的幽默技巧，而且"偷"得越离谱，幽默味就会越浓。

让我们来看下面这个例子：

"先生，请问到公安局怎么走？"

"这很容易，你到对门商店拿五条烟不付钱就走，不用10分钟就有车送你到公安局了！"

做一个大家都喜欢的幽默高手

人家本来问的是如何正常地走到公安局,可回答却扯到了偷东西被人扭送公安局,显然这种回答违背了问话者的原意,但颇有幽默的效果。

以上两例都是歪打正着法,即用似是而非的荒唐道理去解释某种正常现象的取乐方法。这种方法能产生奇巧怪谲的谐趣,让人解颐。

答非所问也是一种歪打正着的方法。有时候,利用这种"答非所问"也能造成新鲜的幽默效果。下面一个对话就是一个典型应用。

一人问道:"鱼为什么生活在水里?"

幽默者答:"因为陆地上有猫。"

这种"答非所问"与"偷换概念"有相同点,它们又有明显的不同之处,"偷换概念"重在"换",需要有原来的东西和用来替换的东西两个因素,"偷换概念"在逻辑上是合理的。而"答非所问"重在一种新角度的回答,看似合理,其实是一种似是而非的歪解,仔细推敲其逻辑上也有不合理的地方。上面例子中,"鱼生活在水里"当然不可能是因为"陆地上有猫",这样说虽然能够产生幽默的效果,但并不符合逻辑。

"歪打正着"虽然不合逻辑,可是这种技巧除了能够产生幽默效果外,还能起到正面的说服效果。

有一个人生了病,亲戚朋友都来探望他。病人很恐惧地问大家:"我可能快死了,我很害怕,因为死后的日子肯定不好过。"

一个朋友连忙劝他:"放心吧,死后的日子很惬意。"

病人听后大吃一惊,急忙问朋友为什么这么说。

朋友解释道:"很简单,如果死后过得不好,死者自然都纷纷逃回阳间来了。现在看来,一个逃回来的都没有,可见那里不是过得很惬意吗?"

面对死亡，一般人都怀有恐惧感。上面例子中朋友对死亡的幽默解说虽然是一种不合逻辑的歪理，可是能起到安慰病人的作用，减轻病人对死亡的恐惧心理，使病人在剩余的日子里更好地享受活着的幸福。

◆ 出人意料

什么算是出人意料的幽默法呢？即事物发展的结果有多种可能，本来可以顺理成章让人们产生多种想象与预测，但实际的结果却与这些想象推测的结果是大相径庭的，想象的结果与实际的结果之间产生了强烈的反差，从而产生出幽默的效果。

出人意料法也是我们在与他人对话时用得较多的一种幽默方法，它的幽默效果十分明显，也最能激起人的心理反差。

比如：

英文女老师："eye（眼睛）是什么东西？"

学生："不知道！"

英文女老师："鼻子的两边是什么？"

学生："是雀斑！"

再看下面一个幽默。

一位有5个孩子的父亲，手里拿着一个刚买的玩具回到家里，他把5个孩子全叫到跟前，想问他们这个新买的玩具应该给谁。他说："是谁最听妈妈的话，从不顶嘴，而且总是把妈妈交代的每一件事做得很好，那么这个玩具就给他，好不好？"

5个孩子沉默了一会儿，异口同声地说："爸爸，这个玩具应该留给您玩。"

这里使用的就是出人意料法。

按照我们的想象，这个玩具不是给老大，便是给老二、老三或老四、老五，而实际的结果呢？却是给爸爸，因为他"最听妈妈的话，从不顶嘴"。想象与实际的反差令人意想不到，需要细心体味。

物理课上，教师正在讲振动和共鸣，为让学生理解，老师提问道："如果朝鱼塘里扔一块石头，会发生什么现象？"

学生异口同声地回答："罚款5元！"

出人意料幽默法分为两部分。第一部分是想象部分，即要尽可能地激起人们对事物结果的种种想象，想象得越多，就越成功。

一位年过半百的贵妇问剧作家萧伯纳："您看我有多大年纪？"

"看您晶莹的牙齿，像18岁；看您蓬松的卷发，有19岁；看您扭捏的腰肢，顶多10岁。"萧伯纳一本正经地说。

贵妇高兴地笑了起来："您能否准确地说出我的年龄来？"

"请把我刚才说的数字加起来。"

这则传说带有夸张色彩，萧伯纳机敏过人，能言善辩，也是欧洲文坛出了名的幽默家。他在这里使用的也是出人意料幽默法，先是调动贵妇人的种种想象，以为萧伯纳不能准确地说出她的准确年龄。18岁、19岁或是10岁，而实际的结果则是大出贵妇意料之外，是将这"三个数字加起来"。萧伯纳这样的讽刺方法，或许会使当事人觉得挖苦得过分了些，但在旁人看来却是恰如其分的幽默。

出人意料法的第二部分是结果部分。结果部分一定要和想象部分不同，而且这种不同必须有相当大的反差，造成反差越大产生幽默感就越强。因此，实际的结果一定不要符合常规，因为人们的想象是常规想象，是符合事物发展一般规律的想象，结果如果不合常规，性质一下子就变了，纵然你常规想象再多，也难以与结果相同了。

举个例子，在开往日内瓦的快车上，列车员正在检票。一位先生手

第六章 最实用的幽默方法

忙脚乱地寻找自己的车票,他翻遍所有的衣兜,终于找到了。他自言自语地说:"感谢上帝,总算找到了。"

"找不到也不要紧,"旁边一位绅士说,"我到日内瓦去过20次都没买车票。"

他的话正巧被站在一旁的列车员听到了,于是火车到达日内瓦车站后,这位绅士被带到了车站办公室受到了严厉的质问。

"你说过,你曾20次无票乘车来到日内瓦。"

"是的,我说过。"

"你知道,这是违法的。"

"不,我不这么认为。"

"那么,你如何向法官解释无票乘车是正当的呢?"

"很简单,我是开汽车来的!"

出人意料法在我们的言语交际中也经常使用。值得注意的是,它在实际的语言交往中,实际的结果可以不合常规,但一定要符合情理,即情理之中、意料之外。情理是我们语言交往要达到的目的,舍此目的,再幽默也是白搭。

一个人问农夫道:"你用什么喂猪?"

"用吃剩的东西和废弃的菜叶子。"农夫答道。

"这样说来,我该罚你,"那人道,"我是大众健康视察员,你用营养欠缺的东西去喂供大众吃的动物,是违法的,罚金一百美元。"

过了不久,另一个穿着整齐的人走来向农夫问道:"多肥的猪啊!你喂它们什么?"

"鱼翅、鸡肝、海鲜之类的东西。"农夫答。

"那么,我该罚你,"那人说,"我是国际食物学会的视察员,世界上有超过总人口三分之一的人在饿肚子,我不能让你用那么好的食物喂猪，罚你二百美元。"

又过了数月，来了第三个人，如前两个人一样，他在农夫的围栏上探头问道："你用什么喂猪？"

"老弟，"农夫答道："现在我每天给它们五美元，它们想吃什么就买什么。"

"出人意料"是幽默手段中很常用也很容易掌握的一种方法。在操作时，关键要做好以下三点：

一是前后落差愈高愈好，这样才能形成强大的冲击力；二是在转换过程中要符合逻辑，能误导别人按自己设计的思路想象，维持假象的合理性，这样才便于产生突然爆发的效果；三是抖包袱时要干净利落，语言明确、简洁，便于欣赏者迅速把握这急遽出现的变化，体味这变化的奇妙或者荒唐，从而让心中溢满快乐。

上个世纪六十年代，老作家秦牧写过一本散文集——《艺海拾贝》，其中一个故事可说是出人意料的典型幽默。说有一位富贵人家的老太太过生日，非要请一位诗人为她题诗贺寿。诗人很看不起这个没有文化却攀风附雅的"暴发户"，但又不得不为之，所以，就在诗中极尽嬉笑怒骂，却又出人意料让"暴发户"挑不出毛病。可以说，上述三点要求都达到了。

诗人先写了第一句"这个婆娘不是人"，举座失色，人们面有怒色；但是他接着写下了第二句："九天仙女下凡尘"，那家的儿孙们自然也就转怒为喜了。不料诗人意犹未尽，又写了第三句以出口恶气："儿孙个个都是贼"，大家看了不禁又勃然震怒；但是诗人又把笔锋轻轻一转，写出了结句："偷得蟠桃奉至亲"。大家又只好改颜赞许了。

无论是演讲还是日常生活交谈，如果能成功地运用出人意料幽默技巧，就可以起到舒展听众情绪、吸引听众注意、传达幽默感的作用。

第六章　最实用的幽默方法

在当今漫天飞舞的手机短信幽默中，大量地使用了出人意料的幽默手法。

比如：

——有两句话一直很想对你说，今天终于提起勇气：第一句，我爱你我好喜欢你；第二句，千万不要把第一句当真。

——我愿在星空下等待，等到一颗星星被我感动，划破夜空的寂静，满载我的心愿，落在你熟睡的枕边……砸扁你。

——你在等待我的出现，当你呼唤我时，我早已无路可退，脑子一片空白，只能乖乖走向你……交警。

——第一次见你，我已被你深深吸引，我有一种把你带回家的冲动，我渴望夜夜拥你入眠，清晨醒来时能看到你在我身边……枕头啊！

——第一眼我就认定你是我今生该等的人，但我唯一的遗憾是……抱歉，我认错人了。

——你什么时候当上WCEO了？也不说一声！什么，不知道什么是WCEO?唉，WCEO就是厕所首席执行官啊！

◆ 刻意类比

张大婶的女儿恋爱到了谈婚论嫁的阶段，毛脚女婿却还没获得未来岳母的欢心。张大婶旗帜鲜明地反对这场婚事，认为"门不当，户不对"，但她一直没机会做出实质性的要挟与反对。好在机会来了，女儿一意孤行定于国庆节结婚，为了嫁妆的事，找张大婶"商量"。张大婶立马抓住机会，训斥女儿的婚姻事先不和自己"商量"，要嫁妆倒知道来和老妈"商量"了，于是声明一分不给。

女儿也是倔强的人，当场和张大婶大吵起来，惹得邻居上门劝架。

做一个大家都喜欢的幽默高手

俗话说：清官难断家务事。张大婶母女这事要劝解还真是理不清头绪。劝不好，母女俩都得罪都有可能。如何劝解？还得用幽默。

邻居老陈对张大婶说："你不能怪她没和你商量呀！"

张大婶问："为什么？"

"你当年成亲时不也没和女儿商量吗？"

张大婶一时语塞，女儿却高兴起来，老陈又转身对姑娘说："你妈不给你嫁妆也是有道理的，你妈出嫁时，你给她嫁妆了吗？人要彼此一样才好呀！"

老陈用几句歪理一忽悠，母女俩一起都笑了。一场争吵算是暂时停止了。家庭里的这种对立，有时完全是在斗气，一口气不顺畅而已。而一旦松了口气，大家就能冷静平和来解决问题。

老陈忽悠出来的这个幽默，我们将之归类于"刻意类比"法。此法运用的关键是刻意将一些不伦不类的事物并列在一起，通过貌似合理的类比来彰显其中的所谓"道理"，从而产生一种滑稽之感。

刻意类比幽默的"刻意"，可以是不伦不类，但"比"却要"比"得天经地义。刻意类比幽默的幽默感是"比"出来的，其情趣也是"比"出来的。我们再看下面的例子。

有一天申先生写信给他的朋友熊先生。一时疏忽把"熊"字下面四点忘了，写成了"能先生"。熊先生一看又气又恼，提起笔来写了一封回信，故意把申先生误写成"由先生"，还说：你削掉了我的四个蹄子，我也要割掉你的尾巴。

把不伦不类的东西以对称或并列的形式生硬地凑在一起，就会产生滑稽之感，这可说是一个规律。语言的对称或并列在我国以对联最为严整，因而对联的内容稍有刻意之处则立即产生滑稽的感觉。清梁章钜的《楹联丛话》中载一则故事：

第六章　最实用的幽默方法

一个开药店的发了财，拿钱捐了一个"同知"（相当于县长）的官衔，又买了一个官员的别墅。每逢喜事宴会，动不动就穿起五品官服来。有人就写了一副对联来讽刺它："五品天青服，六味地黄丸"。

"六味地黄丸"是一种很流行的中成药名称，把官品制服的颜色与中药的名称用严格的对仗组合在一起，形式的密合，和内容上的拒斥形成反差，幽默之趣油然而生。清朝《笑得好》载有以下这个故事：

有一王婆婆，家道富裕，希望自己死后也能风光大葬，想在寿材上题些堂皇的字句，就拿了一大笔钱给同一条街上住的秀才，请他出主意。秀才没有办法，只好写："翰林院侍讲大学士国子监祭酒隔壁王婆婆之柩"。

这种头衔很大而关系甚薄的"风光"，明显不伦不类，幽默感也就产生了。

◆ 张冠李戴

我们在观赏马戏团的演出时，经常会觉得那些穿人类服装的猩猩、猴子之类非常滑稽可笑，兽类本来不具有文明的特征，把人类文明的东西强加于动物身上，自然给人以不协调感，所以容易为之发笑。这就是张冠李戴造成的喜剧效应。说话也是这个道理，故意用甲来代替乙，并使之在特定的环境中具有不协调性，且意味深长，便是幽默了。

例如：一个记者请某领导谈谈他保持身体健康的经验。领导笑着回答："经验只有一条，那就是保持进出口平衡。"一句话，让在座的人都笑了。"进出口平衡"本是外贸行业里的一个术语，却被这位领导借代到饮食养生问题上来，其言外之意，既说明了新陈代谢对身体的重要意义，又在不协调的借代中造成一种大与小的反差，听之趣味无穷。这

做一个大家都喜欢的幽默高手

位领导选择的"帽子"无疑是十分恰当的,因其恰当,才使人产生了丰富的联想,在联想中咀嚼出幽默的味道。

选择恰当的"冠",主要有两个渠道。一是从现成的行业术语、专业术语、政治术语中去选择,像前边提到的"进出口平衡"等便属此类,相对来讲,这样的选择比较容易。二是在交际过程中选择适当的词语来完成换名,这种选择和应用相对要难一些,但只要替代得好,更会有现场效果和机智的幽默感。

张冠李戴幽默术的运用大致有以下两种情况:第一种情况,对方有意挑衅,试图让你感到难堪。这种情况下,最有效的办法是把"冠"直接给他"戴"回去,让他"自吞苦果"。由于预期与现实的差异性和戏剧性,幽默也随之而生。

英国作家萧伯纳富有民主精神,同情穷苦人民,在自己的作品中不遗余力地抨击那些为富不仁的大亨、政治家和贵族。因此英国的上层人士对他是又恨又怕。一次,他到伦敦市郊的一条林前小路上散步,迎面碰上了一位大腹便便的富贾。富贾傲慢地说:"我从来不给驴子让路。"萧伯纳微笑着说:"我则恰恰相反!"

这里,富贾以"驴子"暗指萧伯纳,萧伯纳却巧妙地借同一主题回避的一句话——"给驴子让路",将"驴子"的"桂冠"原封不动地奉还给富贾,令他哭笑不得。我们在佩服萧伯纳的机智之余,也会报以会心的微笑。

第二种情况是双方无意间发生冲突,或自己不小心触犯别人而遭到责怪。这时候进行的回击不能像第一种情况那样锋芒毕露,咄咄逼人,而要尽量地缩小影响,转移矛盾。使用张冠李戴时也尽量避免直接"戴"回对方,而是"戴"到一个与双方都没有关系的第三者身上。"戴"得巧妙,幽默味也就自然流露出来。

◆ 数不厌精

在日常生活中，我们常会使用一些数字，有时必须精确无误，有时则要求笼统含糊。如果在该用模糊数据的时候，你却非常精细地表述，不自觉地产生了幽默感，就是幽默之中的"数不厌精"。

有这么一段和数字有关的幽默：

一农民到某汽车销售中心，只见他掏出2000元人民币往桌子上一拍："给我来辆桑塔纳"，营业员大惊："您的钱不够啊！"农民不解："外面不是写着'桑塔纳2000'吗？"营业员："哦……那您出门往右拐，那家公司的奔驰才600！"

蛇、蚂蚁、蜘蛛、蜈蚣在家里搓麻将。八圈之后，烟抽完了。大家商量让谁去买烟。蛇说：我没脚，我不去，让蚂蚁去。蚂蚁说：蜘蛛八只脚，比我的多，让蜘蛛去。蜘蛛说：我的脚再多也比不过蜈蚣大哥呀，让蜈蚣去吧。蜈蚣无奈，心想：没办法，谁让我脚多呢？于是蜈蚣出门去买烟……一个多钟头了，不见蜈蚣回来，两个钟头后，还不见蜈蚣买烟回来。于是大家让蜘蛛出去看看，蜘蛛一出门就看见蜈蚣在门口坐着，蜘蛛很生气，问：你怎么还不去呀？大家等着呢。蜈蚣也急了，说道：废话！你们总得等我穿好鞋吧！

有些时候，没了突出"数不厌精"的精细之处，就可将精细和粗略两者结合起来，用粗略衬托精细的不协调来表现幽默感。

旅游者来到一座博物馆参观。讲解员指着一件出土文物说："据专家考证，它已经有四十万零八年的历史了。"

旅游者很惊奇，赶忙请教："那你们是如何将年代测定得如此准

做一个大家都喜欢的幽默高手

确呢?"

讲解员应声而答:"先生,这很简单,我来到此地工作已经八年,当我刚来时,他们就告诉我这件文物已有四十万年的历史了。"

这位讲解员在职八年,给人们带来的快乐一定不少。因为他是一个有幽默感的人。

与敌交战,兵不厌诈。引入解颐,数不厌精。比如你可以在恋人迟到时,声称对方"迟到了1小时28分35秒",效果会比简单地责怪对方迟到太长时间或一个多小时有趣而有效得多。

"说吧,有什么就说吧,"妻子对生闷气的丈夫说:"我看你的嘴唇动了25次,也没听到你吐出一个字。"

——怎么样,这种简单的幽默方法一学就会吧?

◆ 避重就轻

如果故意避开对方表达中的重点,而强调一些非重点来对话,是会使用幽默的人常用的招数。

比如:贫穷的房客对房东太太说:"您的房子怎么又漏雨了?"

房东太太笑道:"凭你付的那点儿房租,难道还想漏香槟酒不成?"

很清楚,房客的问话中强调的重点词是"漏",而房东太太却避开了"漏"而突出地强调"雨"字,因而有了"你还想漏香槟酒不成?"的反问。

又如:

一位外国使者看见美国总统林肯在擦皮鞋,赞扬地说:"啊,总统先生,您经常给自己擦鞋子吗?"

第六章 最实用的幽默方法

"是啊,"林肯答道,"那么您经常给谁擦鞋子呢?"

林肯巧用"自己"在不同位置重读所表示的不同意义,重点转移,妙语生辉。

在日常生活中,我们为了增加幽默感,就会经常使用避重就轻的方法,甚至连孩子都会使用这种方法。

下面是两个发生在小孩身上的幽默。

其一:

老师:"小明,你为什么上课吃苹果?"

小明:"报告老师,因为我的香蕉吃完了。"

其二:

父亲:"你小子真没出息,我在你这么大年纪时,可没撒过这么大的谎。"

儿子:"那么,您是从什么时候开始撒这么大的谎呢?"

这些例子都避重就轻,巧妙地用上了幽默技巧,让人听了忍俊不禁。

◆ 吊足胃口

吊足胃口其实就是设置悬念,在人们急于想知道结果的心态下,获知的结果却与期望中不相符合,而更多的是出人意料,这种出人意料就富含幽默。

据说早年著名漫画家丰子恺成名后,国内各大报刊纷纷刊载他的作品,报道他的事迹,有一家报社却反其道而行之,刊登了一幅题名"丰子恺画画不要脸"的漫画作品,一时全国哗然,纷纷指责该家报社。不久,这家报纸上又登出了一则启事,说丰子恺先生画艺高超,只需三画

做一个大家都喜欢的幽默高手

两画,不待脸部画成,就已经惟妙惟肖栩栩如生了,岂不是"不要脸"吗?众人这才恍然大悟。

吊足胃口的幽默术,是幽默技巧中最常用的一种。这种幽默一般是先把自己的思路引入对方思维的轨道,然后来个急转弯,把对方置入困惑的境地,即让对方"着了你的道",再用关键性话语一语道破,起到画龙点睛的作用。这就是相声中所说的"抖包袱",它的幽默效果能让听众在出乎意料后捧腹大笑。

在日常生活中,你肯定经常会遇到这种情形,只要充分调动起你的思维,既能让你的聪明才智得到发挥,又能让你的实际目的达到。幽默的最高境界即在于此。想一想幽默大师马三立先生的相声段子,《祖传秘方》《逗你玩》等,无不是经典"包袱"。

《祖传秘方》这个段子是说,有一个大胖子,有皮肤病,在街上碰到一个卖祖传秘方的高人,声称专治皮肤瘙痒,绝对有效。于是他买了一包回去,打开纸包,里面还有一个纸包,掀开里面的纸包,发现又有一个纸包。如此这般打开了十多层,最后终于发现了一张纸条,上面写了两个字"挠挠"。

《逗你玩》这个段子也是非常经典,我们将这最精华的一小段截取在下面,请读者欣赏。

母亲:"宝宝,妈妈忙去了,咱外边晾着衣服呢。你看着别让人偷了去,有事就叫我。"

宝宝:"嗯。"

来了一小偷,对孩子说:"几岁啦?"

宝宝:"5岁。"

小偷:"你叫什么名字啊。"

宝宝:"我叫小虎。"

第六章 最实用的幽默方法

小偷："你认识我吗？"

宝宝："不认识。"

小偷："咱们俩一起玩吧，我姓逗，叫逗你玩，你叫我，叫我。"

宝宝："逗你玩。"

小偷："好，太好啦。"

小偷拿走了衣服，小宝大声地叫："妈妈，他拿咱家褂子啦。"

母亲："谁啊？"

宝宝："逗你玩。"

母亲："好好看着。"

小偷又拿走了裤子，小宝大声叫："妈妈，他拿咱家裤子啦。"

母亲："谁啊？"

宝宝："逗你玩。"

母亲："这孩子。一会儿我揍你，好好看着别叫啦。"

小偷再拿走了被单子，小宝大声地叫："妈妈，他拿咱家被单子啦。"

母亲："谁啊？"

宝宝："逗你玩。"

母亲："这孩子。再不老实，我揍你。"

小偷走了，母亲出来了："咱们的衣服呢？"

宝宝："拿走啦！"

母亲："谁啊？"

宝宝："逗你玩！"

这则幽默也许大家都听过。因为经典，所以流传广泛。编者之所以在此引用这则耳熟能详的经典幽默，实在是它太具有分析与学习的价值了。马先生的相声一波三折，层层推进，一步一步把听众的思维推向

123

做一个大家都喜欢的幽默高手

迷惑不解的境地,在把听众的胃口吊得足够"馋"时,才不慌不忙地抖出包袱,亮明自己的真实态度。使用巧设悬念吊人胃口的幽默,具有雷霆万钧的巨大力量。你想一想,要是这段相声只是一条一条地阐述自己的观点,而没有预先造势,能收到那么好的说服效果吗?肯定不能。预先的吊胃口、设悬念,其实就像将水用拦河坝拦起来,让水位升高、升高、再升高,直至一个理想的位置,再打开闸门,形成飞流直下三千尺的冲击力。

最后编者想提醒读者的是,在运用"吊足胃口"的幽默技巧时,必须要注意两点。首先,不要故弄玄虚,让人不着边际。任何幽默都要求自然得体、顺理成章。如果做得很刻意,就不但不能让人产生幽默,反而会觉得无聊乃至反感。其次,要做好充分的铺垫,最好能在听众的急切要求下再将"谜底"泄露出来,做到天衣无缝,不要急于求成,让听众对结果产生错误的预料。最后,结果越是平淡地说出来,越有幽默效果,也可以使听众有个缓冲时间来领略其中的趣味。

◆ 另辟蹊径

一个醉鬼闯入报社纠缠不休,气势汹汹地质问为什么没有发表他写的文章。所有的编辑都没办法说服这位醉鬼,于是叫来主编。主编进来,了解了事情的原委后,指着一堆旧报纸,对醉鬼说:"你看报纸里还有空白位置发表你的文章吗?"

"没有。"醉鬼回答说。

"这就是为什么没有发表的原因。"

和醉鬼讲一是一、二是二的道理行不通,干脆另辟蹊径,直接把问题给解决了吧。至于理由充分与否,醉鬼要是有这个辨别能力的话,也

第六章 最实用的幽默方法

就不会纠缠大家那么久了。

另辟蹊径和我们前面所谈到的曲径通幽法有异曲同工之妙用。生活中我们正面办不了的事情，只能从侧面去想办法，侧面如果再受阻的话，就只能另辟蹊径了。而若把它当作一种说话方式，就像半路杀出个程咬金，会有出人意料的效果。

有一顽童，大年初一，一大早便出门找伙伴玩耍去了。玩了一段时间后，发现自己头上崭新的帽子不知何时丢了。于是心惊胆战地跑回家去，对他母亲说了。要是在平时发生这种情况的话，母亲一定会大声斥责他。可是今天是大年初一，不能骂孩子，尽管心里很火，也得硬忍着。这时来他家串门的邻居小王听了笑笑说："狗娃子的帽子丢了，这没关系，这不正好意味着'出头'了吗？今年你们家一定走好运，有好日子过了。"一句话，母亲转怒为喜。从此在邻居间对小王的印象一下子提高了。

小王应邀参加一位朋友的婚礼，可天公不作美，小雨从早到晚一刻也未停过。等赶到朋友家时，衣服上溅满了星星点点的泥水。当一对新人双双向他敬酒时，朋友看到他满身泥水，略带歉意地说：

"冒雨前来，你辛苦了。这都怪我没选好日子。"

小王赶忙接过话茬说："自古道，'久旱逢甘霖，他乡遇故知，洞房花烛夜，金榜题名时'，这人生的四大喜事，让你们小两口一天就赶上了两个，这才叫双喜临门呢。"一句话说得满堂喝彩。小王意犹未尽，接道："既然说到了雨，敝人有首打油诗，借此机会赠给两位新人。"说完接着吟道：

"好雨知时节，当婚乃发生。随风潜入夜，听君亲吻声。"一首歪诗，逗得新娘面颊绯红，引来满座欢笑。小王一席话确立了他在人群中的说话形象和说话风格，使他成了一个受欢迎的人。

125

| 做一个大家都喜欢的幽默高手

有一次座谈会上,有几位同志为鬼戏喊冤,认为神戏早已搬上银幕,也已登台亮相,唯有鬼戏既未上演也未登台。大家正在愤愤不平之时,一位青年脱口点出其中缘由:"这叫作'神出鬼没'。"此言一出,会场气氛顿时增色不少。

在当今人际交往日益紧密频繁的时代,语言起着越来越重要的作用,只要我们以雍容豁达的态度对待生活,就会发现:生活中处处充满趣味和温情,充满欢乐和笑声。

◆ 大事化小

大事化小的幽默技巧,经常运用在我们的日常生活中。这种利用大事化小、小事化了的幽默法不仅有助于你摆脱交际生活中的困境,而且有融洽人际关系润滑剂的作用。使人们在幽默的语言中,感到温馨快乐。

大事化小法运用得当,其幽默效果很明显。比如有的司机开汽车太快,结果出了车祸,轻则重伤,重则丧命。为了使人们提高警惕,便可以运用大事化小的办法,用幽默语言进行劝告,会更有效果。因为条例法规的限制,不如幽默的劝告效力高,幽默使人觉得亲切并感受到关怀。

马来西亚的柔佛市,在交通安全周的活动中就贴出这样一组大横幅的标语:

"阁下驾驶汽车,时速不超过30公里时,可以饱览本市的美丽景色;超过60公里,请到法庭做客;超过80公里,欢迎光临本市设备最新的急救医院;时速100公里,祝君安息吧!"

可以想象,读到这一组标语的每一位驾车人,在发出会心的笑声之

第六章 最实用的幽默方法

余，一定会对交通安全问题大为警惕，这种大事化小法的幽默效果也就油然而生了。

在我们日常的社交生活中，这种大事化小、小事化了的幽默更是处处可见，时时运用。

有一位年近古稀的老人过生日时，一家子为老人设家宴祝寿。正当全家人众星捧月似的围坐在老人身旁，喜气洋洋地谈笑风生，敬酒吃菜时，突然听到"砰"的一声巨响，原来是准备今年考大学的孙子碰倒的暖水瓶炸了。

孩子顿感手足无措，大家也有喜庆日子大煞风景的感觉。

爷爷一惊之后，哈哈一笑说：

"这暖水瓶早该碎了，孩子今年考大学，不能停在原来的'水平'上。今天他在这喜庆的日子里，打破了旧水瓶，这不仅像为我的生日放了鞭炮一样，而且也是他考上大学的好兆头，你们说是不是这样啊？"

一席话说得一家老小哈哈大笑，生日喜庆的气氛更加热烈了。摆脱了窘境的孙子也不好意思地跟着大家笑了。

在这里，爷爷巧妙地利用"水平"和"水瓶"的谐音联系在一起，既化解了这桩意外的煞风景事件，又让孩子高高兴兴地摆脱了困境，起到了一箭双雕的作用。

◆ 小事化大

大事化小可以成为幽默的手法，小事化大同样也可以成为幽默的手法。

幽默的表达多种多样、不拘一格，小事化大就是一种刻意夸张以达到幽默趣味的技巧。夸张是为强调事物的某种特征而故意言过其实，让

做一个大家都喜欢的幽默高手

听者对所要表达的内容有一个更深刻的认识和了解。合理地运用夸张技巧，一是便于揭示事物的本质；二是能加强幽默的感染力；三是能启发听者的想象力。运用夸张，必须以现实生活为基础，不能漫无边际，做到言过其实而又合情合理，不似真实而又胜似真实。

一位青年才俊追求一个可爱的妹妹，到了谈婚论嫁前夕，女孩突然撒娇，要未来的老公保证婚后待她如婚前。都说"婚姻是爱情的坟墓"，热恋中的女孩子来这一招也是正常的。才俊哥哥如何回应，山盟海誓当然可以，只是太老套落伍与陈旧。那些影视剧中，毫无创意的编剧总喜欢炮制山盟海誓的诺言让许诺者来违背，以达到所谓的艺术效果。要是，现代的情侣们再玩这一招，容易引起对方沿着爱情肥皂剧之情节的不利联想。才俊哥哥毕竟有才，第二天就交给未来的老婆一份打印文稿，上书五个大字——《疼老婆守则》，下带条款若干，现照录如下：

老婆用餐时要随侍一旁，盛汤盛饭，不得有先行用饭之行为。

老婆化妆时要耐心等待，衷心赞美，不得有闹心撇嘴之行为。

老婆洗澡时要量好水温，抓痒擦背，不得有贪图私欲之行为。

老婆危险时要奋不顾身，慷慨牺牲，不得有贪生怕死之行为。

老婆购物时要勇于付款，多多鼓励，不得有不情不愿之行为。

老婆下厨时要赞不绝口，多吃几碗，不得有偏食挑饭之行为。

老婆睡觉时要炎夏扇风，寒冬暖被，不得有打鼾抢被之行为。

老婆生病时要煎汤熬药，废寝忘食，不得有漠不关心之行为。

老婆给钱时要含泪感激，省吃俭用，不得有奢侈浪费之行为。

老婆生日时要亲自送花，丰盛备宴，不得有马虎大意之行为。

老婆逛街时要不辞辛劳，提携重物，不得有偷懒怕重之行为。

老婆训诫时要双手垂立，立正站好，不得有心不在焉之行为。

第六章　最实用的幽默方法

怎么样？这才俊哥哥够夸张了吧？他能做得那么到位？不光我不相信，只怕可爱妹妹也未必相信。但这个时候还谈什么信不信呢？夸张的艺术来就不是让你相信表象的，而是通过夸张传递表象中的内核。就这个夸张的文本来说，只要传递了一份浓浓的爱，就行了。何况，它还传递了一份开心与浪漫。

小事化大是在某些方面"言过其实"而又有真实性作为基础，这有利于突出事物的特殊性，可以唤起人们的联想，收到突出主题的效果。如下面有点夸张的搞笑短信：

每个成功男人的背后，都有一个女人；每个不成功男人的背后，都有两个。

再快乐的单身汉迟早也会结婚，幸福不是永久的嘛。

每个人都应该热爱动物，尤其是热熟了的。

要节约用水，尽量和女朋友一起洗澡。

要用心去爱你的邻居，不过不要让她的老公知道。

聪明人都是未婚的，结婚的人很难再聪明起来。

现在的梦想决定着你的将来，还是再睡一会儿吧。

应该有更好的方式开始新一天，而不是千篇一律地在每个早上都醒来。

努力工作不会导致死亡，不过我不会用自己去证明。

成功是一个相关名词，它会给你带来很多不相关的亲戚。

不要等明天交不上差再找借口，今天就要找好。

爱情就像照片，需要大量的暗房时间来培养。

◆ 反说正话

正话反说相当于修辞格中的反语，是用相反的词语表达本意，使反语和本意之间形成交叉。在幽默语言交叉技巧中，反语以语义的相互对立为前提，依靠具体语言环境的正反两种语义的联系，把相反的双重意义以辅助性手段如语言符号和语调等衬托出来，使观赏者由字面的含义悟及其反面的本意，从而发出会心的微笑。

反语是造成含蓄和耐人寻味的幽默意境的重要语言手段之一。简言之，就是故意说反话，或正语反说，或反话正说。

实际上人们常说反话。如到朋友家参加聚会，你发现朋友的夫人越来越胖了，你如有幽默感的话，一定会说："啊，你怎么越来越有骨感了？"对方会嗔怪地笑起来。

反语幽默，也是中国人自古以来喜欢的一种幽默形式。

但是，要注意的是，反语幽默一般都有一定的攻击性。如果自己准备幽默对象没思想准备，你的话又有针对性，就要十分注意分寸，主要是对方与你的关系是否经得住这种幽默。此外还得考虑场合和其他条件。有时同样一句话在一种场合下可以讲，在另一种场合下就不能讲；对同样一个人在他心平气和时能讲，在他心境很差时就不能讲。

准确地把握对方的心境和环境的性质，同时把握自己说话的分寸，是有幽默感的人的重要修养，如果在这一点上粗心大意，那不但幽默不起来，反而会冒犯了对方的自尊心，弄僵彼此间的关系。

所以，反语幽默在幽默对象面前，一定要考虑其复杂性。

举一些正话反说的例子：

第六章　最实用的幽默方法

发呆这事，如果干得好，叫酷呆了。

木讷这事，如果干得好，叫玩深沉。

狂扁人这事，如果干得好，叫主持正义。

挨板砖这事，如果干得好，叫忍辱负重。

玩游戏这事，如果干得好，叫加班加点。

鬼混这类事，如果干得好，叫恋爱阶段。

霸占这种事，如果干得好，叫结婚成家。

愣头青这事，如果干得好，叫新新人类。

掐人这种事，如果干得好，叫异性按摩。

跑龙套这事，如果干得好，叫友情出演。

摆架子这事，如果干得好，叫蛮有气派。

装傻不吭声，如果干得好，叫大智若愚。

回家蹭饭这事，如果干得好，叫看望父母。

虐待儿童这事，如果干得好，叫望子成龙。

前言不搭后语这事，如果干得好，叫跳跃思维。

脚踩两只船这种事，如果干得好，叫慎重选择。

这就是反语幽默的魅力所在。它和逻辑学中的"归谬法"相似，也有将语言中的某些意义故意引申至谬误的方向。

第七章　社交中的幽默原则与技巧

应该说，幽默是一种非常有效的社交工具，人们可以借助幽默充分表现出否定与肯定、赞成与反对、欢乐与苦恼，它能在解颐的同时不会伤害到他人。但世界上没有绝对的"好"的东西，就像人类发明了锋利的菜刀，本来是一件好事，但若不小心，也会伤到他人或自身。同理，在运用幽默的待人接物中，我们还是应该多长一个心眼，不要乱幽默、瞎幽默。

在本章，我们将日常交际中运用幽默的一些技巧与原则推荐给大家，至于如何运用好，就全靠读者自己去悟了。

◆ 幽默要自然流露

如果自己在表达幽默时有太多顾虑，那就难以挥洒自如，从而无法达到一种自然而然的状态。中国古人称闪电为"天笑"，可见，笑是一种自然之道。

唐山大地震的时候，一个农夫睡在床上，眼看自己家的房顶突然没有了，这时候大雨倾盆，他的家人慌乱成一团，他对家人说："别着急，没有房顶的坏处就是被雨淋湿了，但好处是太阳可以直接晒干我们

第七章　社交中的幽默原则与技巧

的东西。"这个农民没有文化，但他在生死关头处乱不惊，从容幽默，他有着得天独厚的幽默感。

幽默的另一种来源是靠后天的修养。培养幽默感非常不容易，它不仅需要文化，需要见识，需要脑子的灵活和雄辩的口才，还需要使用者自觉地向自然回归。一个人只有让自己的性格越坦然，越真实，越本性，他才越有可能获得幽默感。我们经常在生活中发现一个平时并不幽默的人，在他喝醉了酒之后会表现出惊人的幽默，原因就在于酒使一个复杂心态的表面变成了一个纯粹的自然心态流露。

拦警车

一次吃饭，一个哥们儿喝得有些高，但看起来还算清醒，大伙就没理他。饭局散场的时候，这哥们儿忽然冲到马路中央，伸手拦住了一辆正在巡逻的110警车，然后拉开车门，冲坐在里面的警察大声说："我知道你们这车一公里一块一，（这里的出租车定价是每公里1.10元）可你们也用不着写这么大给我看，以为我是近视眼呀……"

生意真好

去饭店吃饭，有个哥们儿中途去厕所，回来后很神秘地告诉我们："这家酒店的生意太好了，连厕所里都摆着两桌！"大伙正奇怪的时候，一伙人冲了过来，揪起那哥们儿就要打。

我们当然不干了，问他们："他又没惹着你们，你们打他干什么？""打他干什么？我们吃饭吃得好好的，可这家伙跑到我们包房里撒了泡尿就走。"

车漏油了

有一个比较酷的哥们儿，一次他身穿皮裤脚蹬摩托去赶饭局。一通傻喝之后，大家撤退。在路边分手的时候，这哥们儿忽然尿急起来，就走到一棵树下,没解皮裤,但解开了腰带,只见他手提着腰带,冲着大树就开始畅快起来。结束的时候,他还拎着腰带一通狂抖。然后,他推出自己的摩托车。就在他要发动的时候,他注意到皮裤下的地面居然湿成了一团。于是,他迷糊地问了我们一句:"奇怪,我的车怎么漏油了?"

钞票大放送

当年在报社的时候,有个同事,他有个特传奇的爱好,一喝高了就喜欢给人发钱,一人一百,让人打车回家。谁不要他就跟谁急,恨不得暴打人家一顿。

可一到第二天,他就特委屈地挨个跑到人家面前,摆出一副可怜相:"大哥,把昨天给你的钱还给我吧……"最搞笑的是,同样的给人发钱的事,一个月内居然在他身上发生了三次。

扔手表

我老爸,酒醉后总爱和人打赌,有一次他深夜不回,我们去各酒馆找他。找到他时,他正在大街上嚷嚷着要和另一个人比手表的优劣,最后,他老人家把手腕上的手表脱下,往街对面一扔,然后急步走过去捡起来兴奋地大叫:"你看,我的手表还在走,你也来试试!"

四海为家

我家门前有个花坛,有天清晨出门,发现花坛里睡着一个哥们儿,浑身上下只有一条小裤衩。而他的衬衣,裤子,领带,都叠得整整齐齐地放在旁边,上面压着他的手机,居然是关了机的。还有皮鞋,也是整整齐齐地摆着,袜子放在鞋洞里……看来这哥们儿是把这儿当家了。后来一想,幸亏这哥们儿没有裸睡的爱好,不然,更有热闹看了。

第七章 社交中的幽默原则与技巧

爬楼梯

有一次,天津来了网友,号称要把我们上海人灌倒在桌子底下,我们当然都不服气,于是轮番上阵。从啤酒喝到红酒,从红酒喝到黄酒,从黄酒喝到白酒,最终的结果是:那位天津的老兄本应把脚趾骨折的太太抱上楼,却稀里糊涂把我六岁的女儿从一楼背到七楼,再从七楼送回到一楼,后来被太太一顿暴打,眼都青了。

遭遇劫匪

跟一帮人喝完了酒,约了去某某家。走着走着,一个人就不见了,另一个就去找他。大家先到某某家,坐下,过了一会儿走丢的那个人来了,很神气地给大家说他碰上劫匪了,让他连打带吓用砖头把那劫匪给砸跑了。话刚说完,去找他的那个人也到了,气急败坏地说走丢的那丫的用砖头砸他,砸得他抱头鼠窜。

我又来了

一次,几个朋友约在一家名叫鱼头王的酒店喝酒,其中的一位喝多了之后,硬是要赶到另一家酒店去会另一批酒友,大家拦他不下,只得放他去了。可没过多久,他又一脸灿烂地突然出现在我们面前,一边连声抱歉:"对不起,对不起,我刚刚喝了一顿,来晚了。"说着,一屁股坐了下来,冲着服务员喊道:"来啊,上饭!"后来我们才知道,他离开我们之后,很利落地钻进出租车,冲着司机大声说:"开路,去鱼头王!"结果,司机带他在街上溜了一圈,又把他送了回来。等他再次来到我们面前时,他已经辨认不出谁是谁来,结果还好一通儿抱歉!

又哭又笑

前年的冬天,认识了一个女孩。气质好得不行。我们俩几乎每天都黏在一起。晚上不是去泡酒吧就是去泡迪厅。有一次晚上,我们喝得醉醺

做一个大家都喜欢的幽默高手

醺地回了家。她回家之后就开始闹。哭啊,哭得可厉害了。她自己一个人躲在卫生间里哭。我把门踹开把她拉出来,她又钻到大衣橱里去了,接着哭。好不容易把她弄到床上,她又抱着我哭。这还不算完,看到手边的手机,砰的一下,狠狠地往墙壁上砸去。我就那么眼睁睁地看着那漂亮的折叠式手机分成两半。第二天,她睡醒过来。撑着脑袋看着地上断成两截的手机,气呼呼地跑下楼拎了块砖头上来。我莫名其妙地看着她。只见这位小姐拿起砖头狠狠地砸向手机,将外壳砸开后,她取出里面的零件,笑眯眯地看着我说:"呵呵,这些零件值300块钱呢,把它卖了再凑钱买个手机!"

太可惜了

一次关系单位来请我们喝酒,请客的地点是一家挺高档的酒楼,鲍鱼燕窝什么的,点了一大堆。席间大家频频举杯,轮番混战,也不知道喝了多少瓶红酒,只记得走的时候,我的一个同事在酒店楼下呕吐不止,一边吐一边惋惜地叫着:"我的鲍鱼呀,我的鱼翅呀,真可惜呀!"

从南京到镇江

我认识一大哥,南京人,特喜欢喝酒。那时他来来去去都骑一辆小木兰摩托车,有一晚,他喝醉了,但仍骑着他的摩托车回家。当时他也认不清路了,只知道晕晕乎乎地沿着312国道一路前行。

记不清骑了多久,等他有点清醒了,冷不丁地抬头一看,眼前的一个招牌竟然是"镇江大酒店"。他居然从南京骑小木兰摩托车骑到了镇江!更狠的是,他又骑着小木兰再从镇江骑回了南京。

情意绵绵

有一个平时正派又文雅的男士喝高了,去一棵小树旁方便,完事了抽身要走,却感觉有人扯住了他,他回头推辞,"不,不,太晚了,我该回去了,妹妹再见。"无奈就是走不脱。等他的人看他一个人忙活,等得不耐烦了，也过来跟他一起劝解，"小姐，你松手吧，我们以后再来，机会有的是呢。"来来回回推辞一个多小时之后，他们才发现，他其实是把腰带连人带树一起捆上了，还跟树好一阵情意绵绵……

认错了

我哥哥单位年终发奖金，他和几个要好的同事一起上饭店庆祝了一通。酒足饭饱之后，哥哥出来用车钥匙开自行车，却无论如何都打不开。哥哥心想，可能是因为自己喝多了，手发抖的缘故吧！反正今天发了挺多钱，干脆打个车回家得了。于是他把那辆自行车放到出租车的后备箱里，乘出租车回到了家。第二天醒酒后，哥哥来到楼下一看，坏了！他还得打车再把自行车给拉回去。原来，昨晚上被他拉回家的是同事小李的自行车！

到家了

我的一个邻居，喜欢喝酒，常醉。有一次，他喝醉之后上了出租车，司机缓缓开着车等他说去哪里。可等了半天也没动静，回头一看，他正脱衣服呢。司机吓一跳，连忙问："先生，你这是干什么！"他说："到家了，我要脱衣服睡觉！"司机赶紧告诉他："这是我的车，不是你的家。"他呆呆想了一会儿，大声喊："快，快回到我上车的地方去！"司机问为什么，他说："我刚才以为到家了，把鞋给脱门口了！"

算命

有一次，我的一个外地的朋友到青岛办事，朋友们去饭店聚了一下，结果他喝得有点高，到了酒店后，死活不肯把房间钥匙拿出来，没办法，我们只好去酒店前台另想办法。等我们和服务员一起回到房间门口的时候，只见他正津津有味地把自己钱包里的钞票、信用卡、名片之类的玩意儿一张一张整整齐齐地摆在地上。看到我们后，他兴奋而欣喜

做一个大家都喜欢的幽默高手

地说:"来来来,我给你们算上一卦!"

把车还我

我一哥们儿,就喜欢酒后驾车。一次,回家时正碰上警察在查车。就在他暗叫倒霉下车接受检查的时候,警察接了个电话,捧着手机,指手画脚,滔滔不绝地说了起来。他一看有机可乘,就悄悄地返回车里,趁打电话的警察不备,风风火火地把车开回了家。到了第二天,有人来敲他家的门,正是昨天的那个警察。他的酒这时已经醒了,自然理直气壮地质问警察:"你来干什么?有什么事?"警察说:"你的车我已经给你开到了门口,现在,你把警车还给我吧。"

◆ 化繁为简

林语堂先生幽默地说,绅士的演讲,应像小姐的裙子,越短越好。运用幽默也是如此,越短越好。幽默若过长,不利于听众的理解。所以,运用幽默的时候,应当遵循KISS原则,即keep it super simply,简单易懂,否则会适得其反。

话说当年日本企业在美国的投资日益增加,甚至许多企业直接在美国设厂,并雇用当地的人员。这固然是一项双方互惠的措施,但由于语言不通,当日本老板莅临视察时,总会有些不便发生。

在一家日资的美国公司里,日方董事长跨海越洋远道而来,主管召集全体员工集合于会议厅中,恭请董事长演讲。

日方的董事长不会说英语,只得由翻译逐句译成英文。董事长在演讲中穿插了许多笑话,但由于双方文化的差异,并未博得预期的笑声。唯独有一个小插曲,董事长用日文讲了十来分钟,而翻译人员只用了几句便翻译了出来,并且让台下众人大笑不已。董事长对此印象极为

第七章　社交中的幽默原则与技巧

深刻。

演讲结束后，日方董事长兴致勃勃地询问翻译人员："贵国的词汇真是丰富，我讲那个笑话用了十多分钟，而你竟能用几句话就将它翻译出来，而且效果那么好，真是不简单。"

美方翻译人员谦虚地说："其实也没什么，我只是告诉他们：'老头子刚刚讲了一个又长又不好笑的烂笑话，为了捧场，请你们大笑。'"

高度的幽默感来自轻松自在的心灵，并能博览群书，自行融会贯通，获得其中奥秘。清代画家郑板桥有诗云："削繁去冗留清瘦。"当今语言大师们则认为：言不在多，达意则灵。可见，用最少的字句，包含尽量多的内容，是当众说话水平的最高境界。滔滔不绝，出口成章，是一种"水平"，而善于概括，词约旨丰，一语中的，同样是一种"水平"，而且是更为难得的高级境界。要做到简洁明快，首先要做到长话短说。所谓长话短说，即是以简驭繁。老舍说："简练就是话说得少，而意思包含得多。"话少而意思也少就算不得简洁。

要讲话简洁就该做到说话的内容中肯实在，运用幽默也如此，不在乎长短但要中肯实在，字字珠玑，说到听众的心坎里去。群众最喜欢的是有啥说啥，直来直去。对于那些空话套话，他们不愿听，甚至觉得是受精神折磨，浪费时间。

有人曾问美国著名作家马克·吐温，演讲词是长篇大论好，还是短小精悍好，他没有直接回答，而是讲了一个故事：

有个礼拜天，我到礼拜堂去，适逢一位传教士在那里用令人哀怜的语言讲述非洲传教士苦难的生活。当他说了5钟后，我马上决定对这件有意义的事情捐助50元；当他接着讲了10分钟后，我就决定把捐助的数目减至25元；当他继续滔滔不绝地讲了半小时后，我又在心里减到5元；最

做一个大家都喜欢的幽默高手

后,当他讲了一个小时,拿起钵子向听众哀求捐助并从我面前走过的时候,我反而从钵子里偷走了2元钱。

这个幽默故事告诉我们,说话还是短一点、实在一点好。长篇大论、泛泛而谈容易引起听众的反感,效果反而不好。

讲短话是一种水平,是一种能力,也是一种技巧,这比讲长话要难,更需要在实践中锻炼和提高,对于幽默的表达也是如此。

必须要提醒你的是,良好的幽默表达是将繁复的观念以简单易懂的方式表现出来,而不是将简单明了的观念,表现得高深莫测,甚至打起禅机来。

◆ 通俗易懂

如何将幽默说出来让人会心一笑,意味犹长?在古今中外的语言实践中,幽默应用技巧可谓是英华璀璨,博大精深,在此只能举其荦荦大者,以供读者欣赏,希望从中可使您找到幽默的灵感与技巧。

幽默的通俗性,说得简单一些,就是指说出的话不但要生动、巧妙,而且还要明白、易懂,使人们乐于接受。它包括两个方面的意义:一是用语通俗,一听就懂;二是意义通俗,深入浅出。违背这两点,不仅会让人觉得不知所云,甚至会造成各种误解。

多使用人们口头中常用的大众化语言,也可以使表述更为通俗易懂,增加语言的特殊表现力。因为大众语言来自于人民大众,是人民群众乐于接受的,因而才能流行。在说话中巧妙地运用这个原则,就能够增强幽默的感染力。

比如,俗语是通俗而广泛流行的定型语句,简练形象,恰当地引用俗语,可以增强说话或演讲中的幽默感和说服力。

第七章 社交中的幽默原则与技巧

又比如，谚语是人们在长期的生活中精炼出来的语汇，经历了千百年长期传诵、千锤百炼，凝结着劳动人民丰富的思想感情和智慧。谚语具有寓意深长、语言精练、朗朗上口、便于记忆的特点。将谚语巧妙地用于幽默表达，可以起到画龙点睛的作用。

比如，2008年4月初，澳大利亚新任总理陆克文首次出访就来到中国，他应邀在北京大学发表演讲，他的演讲是用中文演说的。他在演讲一开始，就说："大家都知道，中国有句谚语：'天不怕，地不怕，就怕老外讲中国话'。"这句非常幽默的开场白运用了谚语，使幽默效果倍增，使全场听众反应热烈。而且，随着电视新闻的传播，在中国人民心中留下了深刻的印象，有效地增加了中澳两国人民的亲近感。

另外，谚语也能被"恶搞"，比如下面这些，虽然内容有正有反，但它们至少有一点是共同的，那就是"通俗"的：

一见钟情，再而衰，三而竭。

骑白马的不一定是王子，他可能是唐僧；带翅膀的也不一定是天使，妈妈说，那是鸟人。

穿别人的鞋，走自己的路，让他们找去吧！

水能载舟，亦能煮粥！

我不是随便的人，随便起来不是人；

树不要皮，必死无疑；人不要脸，天下无敌。

生，容易。活，容易。生活不容易。

人生奋斗目标：农妇，山泉，有点田。

我和超人的唯一区别是：我把内裤穿在里面了。

我身在江湖，江湖却没有关于我的传说……

宁愿相信世间有鬼，也不相信男人那张破嘴！

一山不容二虎，除非一公一母。

做一个大家都喜欢的幽默高手

巧克力的麻烦是：你把它吃了，它就没了。

千万别等到人人都说你丑时才发现自己真的丑。

肚子大不可怕，可怕的是大而无料。

无所为而无所谓，无所谓而无所不为。

人生的成功不在于拿到一副好牌，而是怎样将坏牌打好。

出生时你哭着，所有人都笑着；离去时你笑着，所有人都哭着。

内行看门道，外行看人行道。

黑夜给了我一双黑色的眼睛，可我却用它来翻白眼。

天使之所以会飞，是因为她们把自己看得很轻……

我想早恋，但是已经晚了……

这个世界上我只相信两个人，一个是我，另一个不是你。

思想有多远，你就给我滚多远！

流氓不可怕，就怕流氓有文化。

你不能让所有人满意，因为不是所有的人都是人！

开车无难事，只怕有新人！

出问题先从自己身上找原因，别一便秘就怪地球没引力。

路漫漫其修远兮，吾将上下而求人。

歇后语也是为广大人民群众所喜闻乐见的语言形式，在群众中广为流传。歇后语一般由前后两截组成，前半截是形象的比喻，像谜面，后半截解说，像谜底。在幽默中恰当运用歇后语，可以增强幽默的趣味性，增加幽默的表现力。

例如，为说明某人工作开展缓慢，可说："他呀，大象屁股——推不动。"为了说明自己没有能力办这件事，可说："我是丫鬟带钥匙——当家不做主。"为了说明办了一件出力不讨好的事，可说："我办的这事真是公公背儿媳——费力不讨好。"等。

以上技巧通常运用在幽默的表达过程中,要善于运用幽默的表现形式,使我们讲话更生动有趣,更容易为大众所接受。

◆ 把握幽默的度

我们中国是个讲究中庸的国家,一切力求做到恰到好处,过与不及都不值得提倡。现实生活中,与他人交往,恰到好处的原则也很重要,下面我们就从几个方面来简要谈一下幽默要把握的度。

对话是人际交往的基础,有对话才有沟通,有沟通才能产生情感。一次成功的交谈像一场接力赛,每个人都是集体接力的一员,既要接好棒,也要交好棒,棒在自己手上时,要尽心尽力跑好;棒在他人手上时,不妨为之加油,为之喝彩。如果把对话变成一个人的独白,缺乏必要的互动,尽管你讲得眉飞色舞,口干舌燥,也没有人会为你鼓掌喝彩,所以能说善侃者切忌扮演"一言堂主"的角色,幽默一定要有与听众的互动。

在交谈中,由于各人的阅历不同,对事物的认识也不尽一致,出现观点的分歧、碰撞、交锋不可避免,这本是正常的现象。如果一听到对方提出不同的意见,就急迫地插话或打断他人的话,欲把自己的观点强加于人,这样必然给人留下狭隘偏激的印象。明智的做法是大度宽容,不要盲目排斥,人家观点与你不一致,你可以用幽默的语言去说服,或是被说服,甚至可以妥协,求同存异。不仅要学会使用幽默,还要学会欣赏别人的幽默,才能使我们既长智慧,又得人心。

在交谈过程中,每个人都有表现欲,同时也有被发现、被承认、被赞赏的内在心理需求。如果只热衷于表现自己的幽默,而轻视他人的幽默表现,对自己的一切津津乐道,而对他人的一切不屑一顾,势必会给

做一个大家都喜欢的幽默高手

人造成自吹自擂、自我陶醉的不幽默印象。

所以,恰到好处对幽默有很大的影响。如果是"一言堂",就会被人称为"话篓子",甚至会妨碍与他人的继续交往。

此外,古人讲:山不在高,有仙则名;水不在深,有龙则灵。幽默也是如此,话不在多,点到就行。在生活节奏紧张快速的现代社会中,没有人愿意花费大量的时间去听你的长篇大论,这就要求你在谈话时做到言简意赅,一针见血。

下面我们用几则小笑话来说明一下。他们之所以让人感到幽默可笑,就因为结果是恰到好处说明了一种"现象"。

一天,一个理发师把一个卖糖葫芦的揍了一顿。闹到警察局,警察问理发师:你为什么揍卖糖葫芦的?理发师说:我在屋里烫头发,他在外面喊"烫糊喽"!

一罪犯越狱,被抓了回来。警察:"说!你为什么要逃跑?"罪犯:"这里的伙食太差了!"警察:"你是用什么把围墙上的铁条弄断的?"罪犯:"中午的馒头。"

医生问他是怎么骨折的,他说:"我觉得鞋里有沙子,就扶着电线杆抖鞋,我抖啊抖……有个傻蛋经过这里以为我触电了,便抄起木棒给了我两棒子。"

一位女士到医院的整形外科做了除皱和双下巴的手术。手术结束后,大夫问她:"您还有什么其他要求吗?""你们有什么方法能让我的眼睛变得更大一点,更有神一点吗?""哦,有的,您只需看看您的账单就可以了。"

有一病人狂叫:"我是院长,你们都得听我的!"主治医生问他:"谁说的?"他回答:"上帝说的。"这时旁边一个病人突然跳出来,说:"我没说过!"

有只老虎被蛇咬了，一直追蛇到蛇洞，老虎一直等，好久出来个蚯蚓，老虎一把按住，生气地问道："你爹呢？"

◆ 含蓄委婉

社会生活纷繁复杂，人们总会遇到一些不便直言的事情场合，这就要求我们要掌握委婉含蓄的说话技巧。含蓄就是在交谈或辩论中，不直抒本意，而是采取曲折隐晦的方式表示本意，带有哑谜特色的一种幽默方法。

在日常交际中，人们总会遇到一些不便说、不忍说，或者是由于语言环境的限制而不能直说的话，因此不得不"遁词以隐意，谲譬以指事"（刘勰《文心雕龙·谐隐》），故意说些与本意相关或相似的事物，来烘托本来的意思，使也许十分困难的交往，变得顺利起来。

当出现不便明说的情形时你可以试用委婉含蓄的方法来表达自己的意见，往往会收到意想不到的后果。

当你要表达难以启齿的事物、行为或要求时，含蓄的方法不仅可帮你解围，也会表现得很幽默。

有一个刚上一年级的小学生说："老师，我想拉屎！"老师："说话要文明！"小学生沉默了一会儿说："老师，我的屁股想吐！"

这段幽默的小笑话，是想说不文雅的话时应该讲得含蓄些，但实际上要求一个小学生讲话含蓄一些是很困难的。同样道理，幽默要想运用得含蓄一些，那可不是一件容易的事。而含蓄的幽默运用较好的例子，大概就是葛优主演，冯小刚导演的贺岁片《大腕》，里面含蓄的幽默比比皆是，不是每个人都能看懂的。我们看一下下面的例子便会发现，这种含蓄的幽默并不容易，非得有一个合适的环境。

做一个大家都喜欢的幽默高手

您想拥有一副好的牙齿吗？这里送给你三点经验：一、饭后漱口早晚刷牙；二、每两年去医院检查一次牙齿；三、少管闲事。

别骂自己的孩子是小兔崽子，因为从遗传学的角度来讲，这对家长是不利的。

在公家机关服务的叫作"铁饭碗"，在私人公司工作的称为"免洗餐具"。

有一个记者采访一个精神病院的院长，问："你们用什么方法来确定患者是否完全康复呢？"院长说："我们给他做一个测试，我们在一个浴缸盛满水，旁边放一个汤勺和一个大碗让他们把缸里的水排出去"记者不以为然说："那当然是用大碗快了！"院长看了他一眼，慢慢地说："正常的人是拔掉塞子的……"

对有些棘手的问题不便明言，但大家都能明白时，为照顾对方面子，维护自己的尊严，幽默时可含而不露，让听众自己去体会。如当你发现领导或长辈确实犯了错误，又不便直接指出时，就可以借助含蓄语言起到劝导作用。

当你不愿、不必或不须对一些错误言行进行直言批评时，运用含蓄的语言进行委婉、间接的批评，既可以给被批评者留面子，又能一语点透。永远要记住如果你不采用含蓄的语言进行委婉、间接的提醒，而是严词厉句地批评别人，或许被你伤害的那个人永远不会忘记。

中国人很看重"面子"问题，在同事、朋友间相互批评时也要注意这一点。生活中有不少人不是这样，常常无情地剥掉别人的面子，伤害了别人的自尊心，却又自以为是。其实，只要冷静地思考一下，对那些性格内向、爱面子或工作中偶有疏忽和性格敏感多疑的人，只须含蓄地表示一下这种批评意思，就能达到理想的目的。

当你不能肯定自己的某些要求愿望是否合理，别人是否支持，或为顾及风度不便直言提出时，借助含蓄的幽默可以帮助你维护自尊，避免尴尬，取得成功。

但含蓄的幽默不是似是而非，故作高深，含蓄的目的是让对方听出"言下之意""弦外之音"，达到原本的目的。如果将含蓄理解为闪烁其词、躲躲闪闪，那就与含蓄的幽默背道而驰了。特别是在鼓舞斗志、交流思想的幽默中，言辞还是坦白直接点为好，此时太含蓄会让人觉得你太卖弄、做作，反而听不懂你讲话的目的。而对于在新闻发布、辩论等场合使用的幽默不妨含蓄一点，多用"弦外之音"。

◆ 要语如其人

任何人在运用幽默时，都是以自己为物主身份表达思想，传递信息。要想在彼此交流的情况下，使幽默达到理想的效果，除了要有对象意识外，还要有自我身份意识。也就是说，说话要得体，幽默形式的选择要符合身份，只说自己该说的话。如以下级的身份向上级汇报思想工作，当持敬重的态度，本来就需要注意措辞的严肃性和应有的礼节性，而此时使用幽默，很容易"走火"。与同辈亲友交谈，则以亲切、自然为宜，不宜过于"一本正经"，否则便有疏远之感，此时不使用幽默，反让人感到呆板，做人"死性"。幽默运用不得体，不注意身份，听的人容易产生反感，这肯定达不到幽默的目的，而是事与愿违。

其次，幽默时要注意自己的多重身份，针对不同环境，选择相应的表达方式，使表达与自身思想情感相符合。

常言说，"言为心声"，鲁迅先生也说："从喷泉里出来的都是水，从血管里出来的都是血。"一个人用什么身份说话，很容易反映他的思想境界，处世的方式，待人接物的态度。如何把握好交谈双方特定

做一个大家都喜欢的幽默高手

的关系而作语言的修饰调整,以更好地传情达意,这正是提高说话水平要研究的课题。如一位湘籍著名歌星,应邀在长沙做嘉宾主持"情系三湘"的赈灾义演节目串联时,只见她手持话筒,朗声说道:"那次中央电视台举行青年歌手电视大奖赛,我给'娘屋里'(自己家里)的参赛选手打了最高分,下次'娘屋里'的伢子妹子到北京参赛,我还要给他们打最高分。"这样的话不无失体之嫌。若是在私下场合对"娘屋里"的讲讲私情乃人之常情,而这是在义演的严肃场合,说的又是严肃庄重的大奖赛评委打分问题,如此偏重于"情感"而疏于"理智"的幽默,人们不禁会问:她作为评委,其公正何在?看似在用家乡话来幽默一番,但那是在向全国播发的卫星电视节目,其他省的观众该如何想?

再次,话虽是说给听众听的,但话说得好不好,能否为听众所接受,还要看发言人是否恰到好处地表达了自己的思想感情,而一个人的思想性格是在长期的社会实践中形成的,并且这个人的心境是和他的思想、处境分不开的。这种不同处境下的不同心境,同样会在日常的表达中自然流露,显示出说话者的本色。

所以,幽默时要选择与当时的处境和受众心情相协调的说话形式。例如某高校一位姓严的古汉语教师,学识渊博,治学严谨,教学时严格训练,严格要求。一日,当他走进课堂,见黑板上赫然写着"严可畏"三字。该老师不愠不怒,只见他停下来,对学生朗声说道:"真正可畏的是你们!"学生们一时不知所措。严老师接着说:"不是吗?后生可畏嘛!为了让你们这些后生真的可畏,超过我们这些老朽,我这严老师怎可名不副实呀!"(掌声笑声)由"严可畏"三字严老师准确地捕捉到学生们因严格训练、严格要求而生发的"积怨"与"不满",先是冷静地予以宽容,进而曲解"可畏"二字,并且一语双关,含蓄幽默地表达出必须"严"的道理,以及要继续"严"下去的决心,既宽容有度,又严格适中，其说话形式的选择与处境、心情表达之得体，令人击节赞叹，真个是"言为心声，语如其人"。

◆ 抓住社会背景制造幽默

幽默是一种社会现象，它存在于社会中，服务于社会活动，人们必须在一定的社会文化中使用它；反过来社会文化历史等因素又渗透在幽默之中。社会文化背景情境，指社会场合，包括时间、地点、场合、气氛、事件背景、人事关系等。文化环境，则是指一个民族在自己的历史发展中形成的独特的风格与传统。

使用幽默时要善于运用这种社会大环境。香港回归前的1993年底，香港宝莲禅寺天坛大佛举行开光大典。新华社香港分社社长周南、港督彭定康均应邀做主礼嘉宾。仪式结束后，彭在答记者问时，指责我港澳办关于香港问题的声明"并不是一份有特别吸引力的圣诞礼物"。记者以此请周南发表意见，周南以"佛教的日子"为由不予评论，因为在宗教圣地，参加宗教仪式，双方展开外交争论是不合时宜的。无奈记者追问再三，周南顺口答道："谁搞'三违背'定会苦海无边，罪过罪过！谁搞'三符合'，自是功德无量，善哉！善哉！"末了一句"阿弥陀佛"，引得在场阵阵掌声笑声。周南此时就恰当地运用了宗教这一社会背景，发言得体，无懈可击。

又如，新中国成立前夕，陈毅同志在一次报告中说："我们有充分的信心可以预见，解放全中国已经不需要太长的时间了！解放上海，更是指日可待！（台下爆发雷鸣般的掌声）过不了几天（用生硬的上海话）阿拉这些土八路可以到上海白相相了！"（台下充满笑声）这样的讲话在那个社会环境和具体场合显得十分得体，而且出语幽默，鼓舞人心。

做一个大家都喜欢的幽默高手

切情切境,是成功讲话的重要条件。前一例是在佛教圣地参加宗教仪式上的对话,周南选用佛家语应答,幽默生动,且应情应景耐人寻味。后一例乃是陈毅元帅对当时报告的场景氛围的辩证运用,打破风格的表面统一,从而很好地适应了"行将进入上海"这一题旨情境,幽默效果运用自如。

还有一些虽然不属于大的社会环境,诸如地点、实物,但它们一旦附属于某种外界力量所能施加影响的范围时,就会形成社会环境。例如,因为各地语言的环境不同,总会造成一些误会。这种误会中形成的幽默有其一定的社会背景,而抓住这种社会背景制造出的幽默,往往是能让人们从心理上给予认同,达到非常显效的结果。比如下面这个例子。

与同事到外地出差,当地的同事热情好客,当晚便在一特色酒店的包间设宴接风。男男女女十几个人落座后便不停地聊天,只有一个人在点菜。点好了,他征求大伙儿意见:"菜点好了,有没有要加的?"这种情况,我们在北京一般是让小姐把点过的菜名儿报一遍。于是一位北京的哥们儿说:"小姐,报报。"

小姐看了他一眼,没动静。

"小姐,报一下!"哥们儿有点儿急了。

小姐脸涨得通红,还是没动静。

"怎么着?让你报一下没听见?"这哥们儿真急了。

一位女同事赶紧打圆场:"小姐,你就赶紧挨个儿报一下吧,啊。"

小姐嗫嚅着问:"那,那……就抱女的,不抱男的行吗?"

"噗!"边上一位女同事把刚喝的一大口茶全喷在前边人的身上了。十几个人笑作一团,小姐更是不知所措。

上菜了,先上了一个凉菜拌拉皮儿。一大盘拉皮儿端上来,接着是几碟儿配料、酱汁儿什么的。小姐上菜的时候没留神,一滴酱汁儿洒在一位哥们儿的裤子上了。那哥们儿也是成心逗闷子，假装阴沉着脸问小姐："怎么办呀？"

小姐很冷静地说："怎么办都行。"

"那你说怎么办？"

"您想怎么办就怎么办？"

"那你们这儿一般是怎么办的？"

"要不俺帮您办？"

"好呀。"

只见小姐麻利地把几碟儿配料、酱汁儿一股脑倒在拉皮儿上，一手拿筷子，一手拿勺子，唰唰几下就拌好了。然后对那哥们儿说："先生，拌好了，可以吃了。"哥们儿努着眼珠子瞪着那盘子拉皮儿半天没说话，另一位同事替他跟小姐说了声"谢谢"。

上主菜了——烧羊腿，一大盘肉骨头，一碟子椒盐儿。一位北京哥们儿酷爱这口儿，毫不客气地抓起一羊腿，咔嚓就是一口，呱唧呱唧地大吃起来。小姐一见，说道："先生，这个要蘸着吃。"

哥们儿将信将疑地看了看小姐，又看了看当地的同事。当地的同事说："蘸着吃好吃一些。"

于是哥们儿拿着羊腿站起来，咔嚓又是一口。小姐赶紧过来问："先生，您有什么需要吗？""啊？没有啊。""那请您坐下来吃。"

哥们儿嘀咕着坐下来，看了看大伙儿，无比茫然。小心翼翼地把羊腿拿到嘴边，小心翼翼地咬了一口。小姐又说："先生，这个要蘸着吃。"哥们儿腾地一下站起来，挥舞着羊腿怒气冲冲地嚷："又要站着吃，又要坐着吃，到底怎么吃！？"

酒菜满席，接待单位领导姗姗来迟。满座宾客起身相迎，一片寒暄。众人落座，有人招呼："小姐，茶！"

做一个大家都喜欢的幽默高手

旁边侍宴的小姐长相甚美,新来,经验不丰,颇有些紧张,忙近前用手指点:"1、2、3、4、5、6、7,共七位!"众人哂笑,领导补充曰:"倒茶!"小姐忙又"倒查"了一遍:"7、6、5、4、3、2、1,还是七位。"

有人发问:"你数什么呢?"小姐犹豫了一下小声答道:"我属狗。"众人怒,急呼:"叫你们经理来!",经理入,垂手讪笑,问:"诸位,传我何事?"领导曰:"别多问,去查查这位小姐年龄属相。"经理纳闷,依命而行,旋来回复:"18岁,属狗!"

领导大笑,众人大笑。领导海量不做追究,众人雅量不便追究。小姐、经理如坠五里云雾。

酒过三巡,上来一道菜:"清炖王八"。众人皆喜,然未忘规矩,有人以箸拨王八头曰:"领导动动,领导动动!"领导看着被拨得乱颤的鳖头,心中不悦,既不愿谐了此言的尾音,又不愿违了众人美意,于是乎持勺酌汤,曰:"好,好!大家请随意。"又有人奉承曰:"对!王八就该喝汤!"领导气得几乎喷饭。

未几,汤将尽,有物圆圆的渐渐浮出,问:"小姐,这是什么?"小姐忙答:"是王八蛋。"众人又惊喜:"领导先吃,领导先吃!"这时领导没听到"晦气"之言,心中甚悦,忙唤小姐:"给大家分分!"

良久,小姐不动,领导怒问:"怎么,这也分不清楚吗?"小姐为难地说:"七个人,六个王八蛋,您叫我怎么分啊?"

众人听罢,个个伸脖瞪眼,满口美食,难以下咽。

以上讲的是小地点形成的社会大环境,有时地点的改变也可形成不同的小环境,从而有利于解决不同的问题,此时运用有针对性的幽默效果就十分显著。

比如,有些领导者发现问题,往往请下属到办公室谈话。办公室是上级办公的地方，下属来到这里，很容易联想到上下级关系，便产生了一种"必须服从"的心态。这样，本来是对等的谈话，因为地点这一特殊社会环境的参与，就产生有利于一方的小环境，使对等的双方，变成主动与被动的两方。主动一方便有"居高临下"的势头（当然这只是一种心理差异，绝不是"以势压人"）。所以，领导人的办公室实际上成了一个有利于领导人使用幽默的小社会环境。反之，如果为了加强联络，增进信任和友谊，领导人员则应走出"领导效应区"，到非效应区去展现幽默，更便于放开话题，无拘无束。这类非语言因素，正像看不见的磁场，有着极其强大的特殊效应。

可见利用合适的社会背景运用幽默，可明显提高说话效果，这就要求我们有敏锐的思维和穿透力的眼光，去洞悉社会大背景，并善于利用眼前的实物、身处的地点营造有利于自己幽默的环境。

◆ 因人而异，因地制宜

人际交往的失败有时会与滥用幽默有关。滥用幽默不光使自己陷入尴尬和困境，而且会让别人轻视你，使你丧失人格价值。在众人的目光中，喋喋不休者如小丑一样可笑，故作幽默者更有过之而无不及。因此，我们在运用幽默时，千万要讲究时机、场合和对象。

1. 要讲究时机

英格兰人常说：尽管幽默力量很重要，但它并不是生命的全部。当时机恰当的时候，你就去用它。

西方的4月1日愚人节，是个捉弄人的节日。如果这一天，一个足不出户的小伙子突然接到姑娘约会的电话；一个姑娘突然接到假的父母来信；一个人到澡堂洗澡，衣服却不翼而飞；一个学生去上课，教室里却

做一个大家都喜欢的幽默高手

空无一人。谁都想在这无所顾忌的节日里高高兴兴地捉弄别人,而被捉弄的人发觉上当后也为实实在在地被人捉弄而高兴。

如果上述事情不是发生在愚人节,而是发生在其他的时候,不但收不到幽默的效果,还会使他们觉得无聊,甚至引起他人的反感。可见,幽默不是随时都可以抛洒的,随着文明的进步,生活经验的积累,人们越来越清楚地认识到:幽默要讲究时机。

2. 要讲究场合

如果你仅仅把讲究时机作为幽默语言的准则,就太狭隘了,要想成功地使用幽默,在讲究时机的同时还应当注意大环境。毫无疑问,讲究在不同场合运用不同的幽默形式,才能把幽默运用得恰如其分。

比如在发生重大事件的严肃场合,或者在葬礼上,不合时宜的幽默会引起别人的误解甚至怨恨。比如朋友正为失去亲人而伤心,你对在灵前落泪的朋友说:"去世的那位先生一定是一个个性强硬的人,你看,他现在从头到脚都是僵硬的。"这番幽默肯定会受到痛斥。

在庄重的社交活动中,任何戏谑的话语都可能招来非议。在庄重场合,如果你幽默起来没边没际,太过夸张,甚至为追求效果而手舞足蹈,脱离自己平常的个性,也会让人反感,人家会觉得你虚伪浮躁,不够稳重。这样做会严重影响你的个人形象。

3. 要注意对象

根据受众的个性、好恶和心情施展幽默是成功的窍门。的确,俗话说"一样米养百样人",社会每个成员的性格、心理、教养都不尽相同,意趣更是千差万别,假如你对幽默参与者的个性不够了解,那么你苦心经营的幽默必会报废不少。

因此,在社会交际中,要视对象的不同,注意把握分寸,才能收到好的效果。比如一些关于盲人的幽默,对于真正的盲人就不适宜了。在社交生活中，我们应根据具体的环境、对象和氛围，采用适当的形式来表达出恰当的幽默。

所谓顾及受众，不是一种姿态，一种态度，而是幽默作为交际的艺术天经地义必须具备的前提条件。因为，幽默的群体性和共娱性特征是十分明显的。又由于群体是由个体构成的，因此能够娱乐甲的一句话，可能在乙听来是一种侮辱。如果你忽视了这一点，一味地强调自我的兴致和偏爱，丝毫不放弃个人的思路，那么，你的幽默将黯然无光。

有关种族的幽默是最微妙、最难处理的。当你和一群人都是流着共同祖先的血液时，说说关于种族的幽默会减轻每个人心头的负担；但当一群人分别来自不同的种族时，使用涉及种族的幽默则会有很大的危险性。很多外国人的幽默，我们中国人是难以理解的。就像我们中文中把外国人称为"老外"，而外国人难以理解这种"幽默"的称呼一样。

注意对象，了解对象，才容易找到合适的幽默话题；适应对方的心理需要，才能真正达到沟通的目的。到什么山唱什么歌，才是现代幽默的最为完美的战术。

还要说的是，真正的幽默是能够互动的，是要愿意接受他人的反馈信息而做出的幽默。当他人幽默地发表意见时，你当然有义务报以微笑——而不是以冷言冷语来泼他一头冷水。幽默并非某一个人的特权，它是整个社会的财富。笑具有传染性，为他人捧场，你的合作态度才会得到由衷的感谢，只要气氛活跃了，该你施展幽默时，才会一路绿灯。

◆ 幽默的6个忌讳

谁都知道，适当的幽默能够促进人际关系的和谐，但是如果运用不当，就会适得其反，破坏人际关系的平衡，加剧矛盾，造成冲突。

做一个大家都喜欢的幽默高手

比如，幽默的忌讳之一就是：无事生非地故作幽默。

一家饭店里，一位顾客怒气冲冲地对服务员说："怎么回事？这只鸡的两条腿怎么不一样长？"服务员以为自己很幽默地说："你又不是和它跳舞，你是要吃它……"顾客更加生气了，一场本来可以避免的争吵开始了。

一位顾客在裁缝店做了一件衬衫有点问题，她找到裁缝说："你给我做的衬衫，领子太小，袖子也太长……"没等顾客说完，裁缝就说："这没关系呀，领子穿穿就大了，袖子洗洗就短了。"顾客哭笑不得，和她吵了一架。

一位外地人来到一个大城市，想找一家邮局。问一个过路的男青年："请问，哪儿有邮局？"小伙子本想幽默一下，说："哪儿都有。"外地人生气了："我是问你怎么走？"小伙子还为自己的幽默得意："用脚走！"外地人也是个火爆脾气，认为小伙子是欺生，就和他打起架来了。

因此，幽默需要谨慎，得体的幽默可以使人际关系和谐融洽，而一句不合时宜的幽默会恶化人际关系，导致人际交往的失败。所以说，幽默也要有忌讳。

幽默的忌讳大致有以下这些。

（1）当叙述某件趣事的时候，不要急于显示结果，应当沉住气，以独具特色的语气和带有戏剧性的情节去显示幽默的力量。在最关键的一句话说出之前，应当给听众造成一种悬念，也就是说相声时常用的"抖包袱"。假如迫不及待地把结果讲出来，或是急于通过表情与动作的变化显示出来，那就像饺子都被煮破了一样没味，幽默便失去效力，只能让人扫兴。

（2）当你表现幽默时，每一次停顿，每一种特殊的语调，每一个相应的表情、手势和身体姿态，都应当有助于幽默力量的发挥，使它们成

第七章 社交中的幽默原则与技巧

为幽默的标点。重要的词语应加以强调，利用重音和停顿等以声传意的技巧来促进受众的思考，加深受众的印象。

（3）不管你肚子里堆满了多少可乐的笑话和俏皮语言，都不能为了体现你的幽默性格，而不加选择地全倒出来。要让语言能幽默风趣，一定要根据具体对象、具体情况和具体语境来加以运用，而不能使说出的话不合时宜。否则，不但收不到谈话所应有的效果，反而会招来麻烦，甚至伤害对方的感情，引起事端。

因此，即便现在有一个顶级笑话，不管它多么风趣，只要它有可能会触及受众的某些隐痛或缺陷，那么最好还是作一下牺牲，把它咽到肚子里去，不说出为好。

（4）有些人在做说服别人的工作时，运用幽默过多，常常是笑话接着俏皮话，连篇累牍，就像连珠炮一样。这样一来，谈话内容往往会脱离主题，难以达到说服别人的目的。对方听起来，往往也会感到云山雾罩，不知道你要说什么，甚至认为你在像北京话说的那样"耍贫嘴"呢！

（5）最不受欢迎的幽默方式，就是在讲什么笑话之前和之中，或是在刚讲时，自己还没说完就先大笑起来。自己先笑，只能把幽默的效果给吞没了。最好的方式是让听众发出会心的笑，自己不笑或只有微笑。也就是说，越是采取"一本正经"的表情和"引入圈套"的手法，越是发挥幽默力量的正确途径。

（6）幽默的方式是多种多样的，讲笑话只是其中一种。不要认为讲上一两个笑话，就代表自己有了幽默感了，这还差得很远。其实，会运用幽默是一种人格的魅力指数，只会讲笑话还很片面，或者说还没有拥有较高的幽默能力。

第八章　没有人是天生幽默的

善幽默的人讨人喜欢，这个道理大家都知道，也深有体会。有些不擅长幽默的年轻人也想让自己变得幽默起来，但奈何"自己天生没有幽默细胞，只能空想而已"。幽默真的是天生的吗？答案是否定的。假设有一个孩子天生就有幽默基因，但把他单独放在原始森林中生活几年再回归社会后，他还能幽默吗？

所以，幽默是可以培养的，是在环境中重新调整心态后锻炼出来的。我们在对一些具有幽默感的人进行研究之后发现，幽默也确有某种遗传基因存在。如我国著名相声表演艺术大师侯宝林和他的两个儿子，著名喜剧表演艺术家陈强和他的儿子陈佩斯，都具有幽默的天赋。但仔细推究起来，也不难发现其中的牵强之处，因为他们的例子中也有环境和培养的力量的影响作用，如果再把世界上众所周知的幽默大师稍微研究一下，这种理论就更站不住脚了。因此，幽默并不神秘，而且对所有人来说，后天培养至关重要。再呆板的人，只要自己努力都可以变得幽默起来。美国前总统里根以前也不是幽默的人，在竞选总统时，别人给他提出了意见。于是他采用了最笨的办法使自己幽默起来——每天背一篇幽默故事。

事实上，世界上没有人天生是幽默的，必然是后天的环境与努力所致，所以只要肯下功夫研究，并加以实践，谁都会成为受人欢迎的幽默高手。当然，这必须有一个好的心态，有一个积极的而不是被迫的、消极的面对社会紧张气氛的良好心态。

◆ 幽默的各种类型

就品种而言，幽默和笑话一样丰富多彩，它有各种各样的类型，善意的、冷酷的、友好的、粗鲁的、悲伤的、感人的、攻击性的、不动声色的、含沙射影的、不怀好意的、嘲弄的、挑逗的、和风细雨的、天真烂漫的、妙趣横生的，等等。这里不论属揶揄也好，属嘲笑也好，充满同情怜悯也好，纯属荒诞古怪也好，其意趣必须是没有内心，更甚于思于头脑。只有这样，它才会以一种生动的姿态，抖展开心灵的温暖与光辉。

嘲讽性幽默是幽默常见的品种之一。它是幽默者以温和与宽厚的态度，对那类值得嘲讽的人或事所作的轻微的揶揄和批评，虽然荒诞不经，却发人深省。

在卓别林主演的生活片中，主人公长年累月在装配生产线上拧螺丝，拧得太急了，竟拧到前边人的屁股而未察觉。编导者运用"怪巧"的手法渲染画面，造成情景幽默，以抨击当时西方的劳动异化现象，令人忍俊不禁。

一个动荡的国家传出一则故事。

一人问："比基尼泳装和我们的政府有什么不同？"

答案是："没有不同。每个人都知道它维系的是什么，但每个人都希望它维系不住。"

没有什么言辞比这则幽默故事更生动的了，从这之中我们看到了人

做一个大家都喜欢的幽默高手

民对政局动荡不安的厌恶情绪和深沉的无奈感。

在生活中也不乏巧妙运用幽默来表达失望感的例子。

有一位顾客对侍者说:"我有一个办法,保证叫你多卖出三成的橙汁:你只消把杯子倒满。"

显然,运用嘲讽性幽默的妙处在于,它能把一些足以损害我们的惯例和举动的流弊暴露出来。

幽默家族的另一主流是诙谐性幽默。诙谐性幽默多出现在幽默者的性格当中,其表现方式是大智若愚的"拙巧"。这类幽默虽然只有三言两语,却鞭辟入里,拍案叫绝。

一次,美国作家马克·吐温收到一封信,信中写道:"听说鱼骨里含有大量的磷质,可以补脑。那么,要想成为一个专家,就必须吃许多鱼才行吧?你是否吃了很多鱼?吃的是哪一种鱼呢?"

马克·吐温回信说:"看来,你要吃一只鲸鱼才行!"

作家的回信幽默而含蓄有力。

还有一则故事,说一个文理不通的国王偏偏要显露自己作诗的"才华"。

一天,国王写了首诗要阿凡提品评,阿凡提扫了一眼说:

"陛下,即使您不写诗,也不会被小看。您还是只管做自己的国王吧。"

国王大怒,令卫士将阿凡提关进了驴圈。一星期后,国王又写了几首诗,挑了一首得意之作,把阿凡提传到殿前来品评。阿凡提看了一眼,转身就走。

国王喝道:"到哪里去?"

阿凡提深深施了一礼说:"到驴圈去,陛下。"

诙谐性幽默的特点很突出,即婉转、装痴、寓庄于谐。本身所含的

第八章 没有人是天生幽默的

"自嘲"色彩,使诙谐性幽默十分流行。

哲理性幽默一般被视为"幽默贵族"。它包括那些灵机一动的理智闪光,信手拈来的隽词佳句,耐人寻味的谐趣珍闻。它代表一种朴实无华的"技巧",蕴涵深奇,为人称道。

请看下面这些妙语:

大学生请一位著名的经济学家给衰退、萧条、恐慌等词下个定义。

"这不难。"专家回答,"'衰退'时人们需要把腰带束紧。'萧条'时就很难买到扎裤子用的皮带。当人们没有裤子时,'恐慌'就开始了。"

教授在上伦理课。他告诉同学们如何提醒别人一些尴尬的事情。"比如说,如果你们看见女孩子屁股上有草屑,你们应该委婉地说:'姑娘,你的肩上有草屑。'女孩子往肩部看,然后向下——看见了。"

这时一个女学生举手站了起来,说:"教授,你领带的拉链开了!"

一个题为《佳丽可人》的作品更富趣味:

"你最爱我哪一点?"妻子问她的丈夫,"是我的天生丽质呢,还是我动人的身躯?"

"我最爱你的这种幽默感。"丈夫回答。

幽默中另一生力军——逗趣性幽默,最受年轻人的青睐。此类幽默格调上属玲珑剔透的"智巧",它由奇显巧,巧奇结合,在突转中获得强烈的喜剧效果,下面就是一例:

德国的邮费不断上涨。报载小品文《情书》一则:

最亲爱的丽娜:

如你所知,我爱你,而且狂热地、永远地、诚心诚意地爱着你。这

做一个大家都喜欢的幽默高手

一保证从1983年8月到1984年8月的期间内均有效,并可以随情况变化而延长。为了节省开支,我不再给你写信,吻你365次。

你的贝恩尼

有位演说家在演说中穿插了另外一个逗乐故事——

在一辆载满旅客的公共汽车后面,一位个子矮小的人在奔跑着。但是汽车仍在下坡路上高速前进。

"停下吧!"一位乘客把头伸出窗子,冲小个子喊道,"您追不上它的!"

"我必须追上,"小个子气喘吁吁,"我是这辆车的司机!"

幽默形式和品种异彩纷呈,百花争艳,人类的幽默艺术经久不衰,生命力旺盛。当我们为它的奇光异彩所吸引时,应该看到:一如世上绝大多数事物一样,幽默也有不同品格,有的高贵文雅,启人心智;有的低级庸俗,贻害青年。对发挥幽默力量者而言,理性的判断透视是必要的。

◆ 生活处处有幽默

令那些"没有幽默细胞的人"苦恼的是:幽默到底藏在什么地方?

——其实,幽默无处不在。

一位顾客到饭馆去吃饭,米饭中沙子很多,他把它们吐出来一一放在桌子上。服务员见此情景很是不安,抱歉地说:

"有很多沙子吗?"

那顾客点头微笑着说:"是的,不过也有米饭。"

面对令人生气的事情,这位先生成功地用了一句曲折、幽默的话化解,既指出了饭中沙子多的事实,同时也消解了自身的恼怒。

第八章 没有人是天生幽默的

交响乐团在排练斯特拉文斯基的《春天的典礼》的最后一章，指挥向大家讲述他对音乐各部分的理解，他这样说：

"柔和优美的圆号象征着奔逃的农家少女，而响亮的长号和小号则代表着追逐的野人。"

当他举起指挥棒让音乐继续时，从圆号区飞过来一句，"大师，您不介意我们把某一部分演奏得快一些吧！"

一句轻松的调侃消除了排练的紧张与辛苦，令彼此之间盈溢着笑声，真是其乐无穷！

巴基斯坦著名主持人穆哈米主持了一场晚会，这场晚会并没有其他节目，只是穆哈米和协助他主持晚会的几个文艺界著名人士在台上进行机智幽默的问答，而台下观众始终兴致盎然，笑声、喝彩声不断，气氛十分热烈。下面我们看看穆哈米与著名影星雷利的一段对答。

鬓发斑白的影坛老将雷利拄着拐杖，步履蹒跚地走上台来，艰难地在台上就座。看到这样一位老人，让人很自然地为他的身体担心。所以穆哈米开口问道：

"你还经常去看医生？"

"是的，常去看。"

"为什么？"

"因为病人必须常去看医生，这样医生才能活下去。"

此时台下爆发出热烈的掌声，人们为老人的乐观精神和机智语言喝彩。

穆哈米接着问："你常去医药店买药吗？"

"是的，常去。这是因为药店老板也得活下去。"

台下又一阵掌声。

"你常吃药吗？"

做一个大家都喜欢的幽默高手

"不。我常把药扔掉,因为我也要活下去。"

穆哈米转而问另一个问题:"嫂子最近好吗?"

"啊,还是那一个,没换。"

台下大笑。

主持人与演员的对答几乎句句"带彩",在这样热烈活泼的气氛中,观众是不知疲倦的。

幽默遍布日常生活空间的每一个角落,爱人之间、朋友之间、同事之间,甚至于陌生人之间,都可以生长出幽默的大树,结出融洽的果实。

男女相悦,从相识开始。就在选择结识的对象这一问题上,不同价值取向的人展示了各自的手段和才华。

"我认识一个聪明的穷女孩和一位愚蠢的阔小姐,你说,我该向谁求婚呢?"张三问。

"当然是那个穷女孩。"李四回答。

"看得出,你的确是一个为我着想的好朋友。"张三感慨道。

"作为好朋友,我还有个请求,把那阔小姐的电话告诉我。"李四说。

李四为张三指出了一条正确的道路,同时用幽默的调笑,轻微地嘲弄了张三。李四真的想要阔小姐的电话吗?未必,他只是想用一种有趣的方式调节一下气氛,委婉地暗示一下:这有什么犹豫的。

一个老处女走入婚姻介绍所,对工作人员说:"我感到太寂寞了!我有财产,什么都不缺,只少一个好丈夫。你能帮我介绍一个吗?"

老处女说:"他必须讨人喜欢、有教养、能言善道、喜爱运动、兴趣广泛,最重要的一项,我希望他能终日在家里陪我,我想和他说话,他就开口;我感到厌烦了,他就别出声。"

第八章　没有人是天生幽默的

"我懂了,小姐。"工作人员耐心地听完后说,"你需要的是一台电视机。"

完美的男人哪里有?就算有,哪里轮得到一个老处女?工作人员不想说这些伤人的话,又不能贸然接下这项不可能完成的任务。于是,幽默的拒绝与讽刺就派上用场了。

钓鱼、网球、打牌、高尔夫球等各种娱乐活动都是幽默的丰富素材。

一个篮球运动员说:"我的医生说,我不宜打篮球。"

他的同伴听了说:"哦,他一定是你们球队的铁杆球迷。"

在桥牌上,太太问:"我有四张A,三张K,你凭什么先叫牌?"

丈夫回答:"我凭的是一张Q,一张J,三杯白兰地,还有晚餐喝的威士忌叫牌。"

你的幽默会给旁人带来愉快的气氛,同时也提高你的情绪,改善你的形象;你是在用自己的机智让大家尽情地享受生活的乐趣,也改善了自己的生活,幽默是消气的良药。生活中,每个人都有不满和失意的时候,如果我们将这些内容以诉苦或牢骚的方式表达出来,就会更加让人苦恼,这时,不妨使用幽默这一良药。

◆ 用知识浇灌幽默之花

幽默与知识有什么关系?先让我们看一则故事:

有一位秀才每次乡试都落第,他每次写文章便像吃了苦药一般,抓耳挠腮,迟迟下不了笔。

妻子看他那愁眉苦脸的样子,心中老大不忍,便说:

"你们男人做文章真比我们女人生孩子还难哪!"

做一个大家都喜欢的幽默高手

那秀才哭丧着脸回答说:"那当然,你们是肚子里有货,我的肚子没有货啊!"

这个笑话告诉我们,知识贫乏,腹中空空,是写不出文章来的。同样没有知识、孤陋寡闻的人,即使是口齿伶俐,也不能说出幽默的语言来。

知识是幽默生长的营养。幽默的生长要求有丰富的知识、广博的见闻,因此,我们要对古今中外、天南地北、历史典故、风土人情都有所了解,用自然知识、历史知识、社会知识、生活知识不断地充实自己。在这个基础上讲起话来才能得心应"口",出口成章,才能潇洒流畅、生动有趣。一些著名的政治家、思想家、军事家、文学家、艺术家和科学家,之所以富于幽默感,就在于他们都是具有丰富的知识和阅历。

为了丰富我们的知识,我们应当博览群书,书读多了,知识自然得到充实。多读书,不妨注意多读一点文字幽默的书籍,比如,读一些笑话集、喜剧小品的剧本等,从别人幽默的方法中悟出幽默之道,看看别人是怎样幽默的,一旦学会了,就直接移植过来,这样就可以提高一个人的幽默感。

为了丰富知识,我们还要多多读一下社会这部无字书。曹雪芹说:"世事洞察皆学问,人情练达即文章。"洞察社会的人情世故,这对于增强幽默感是极有帮助的。许多幽默的话语,都是建立在对社会各种事情的真知灼见之上的。如果没有这种见解就无法形成幽默。

美国哲学家乔治·桑塔亚那选定4月的某天结束他在哈佛大学的教学生涯。是日,乔治在礼堂讲最后一课的时候,一只美丽的知更鸟停在窗台上,不停地欢叫着,他出神地打量着小鸟。

许久,他转向听众,轻轻地说:"对不起,诸位,失陪了。我与春天有一个约会。"讲完便急步走了。

第八章 没有人是天生幽默的

这句美好的结束语，不仅具有相当的幽默感，而且富有诗一样的美。没有丰富的知识垫底，无论如何也说不出这种富于哲理的幽默语言的。

丰富的知识，广博的见闻使得幽默得心应手，左右逢源。想让自己成为一位具有幽默性格的人，就必须要阅历丰富，对当今社会和国内外时事都有所了解，对天文地理、声光电化、文史哲经、名人轶事、影星趣闻都有所关注。只有多读书，多积累知识，扩大知识的积累面，懂得并能熟练地按技巧操作，才能登堂入室，修成正果。

◆ 富于想象，综合运用

幽默的性格既是知识的结晶，又是多种能力的合成。因此，要培养幽默感，还必须注重提高自己的综合运用能力。

首先要提高观察力。只有这样，才能明察秋毫，从平凡中看到本质，从司空见惯的日常小事中看到情趣，从而借助语言或其他手段幽默地表现出来。

有位青年人，由于他善于观察并产生联想，从而发现生活中许多有趣的现象。比如他发现生活中常有这样的现象：两个人在门里外同时推门，门不能开；两个人又同时拉门，力量相抵，门还是不开；两个人在两侧同时发愣，然后两人各自转身离去。这种生活中的矛盾现象有很多人都见过，但熟视无睹，更没有深想，所以也就无法发现其中的内涵。但这位青年人却能发现，并且产生联想，将这种矛盾现象用漫画表现出来，这说明观察力在幽默中的作用。

其次，观察过后要有分析，要有丰富的想象力。富于想象，才能从平凡的生活素材中，找到别出心裁的幽默构思。

| 做一个大家都喜欢的幽默高手

除了培养观察力和想象力之外,还应培养逻辑推理能力。因为许多幽默便是活用逻辑而构成的。还要培养高度概括表达能力。培养了这些综合能力,才会有敏感的反应,才能巧妙地把自己对生活的认识、理解表现出来。

◆ 善于学习,积累幽默素材

前面我们说过,幽默实在可说是一门艺术,所能表达的内容包罗万象,如果只在技巧上下功夫,而忽略了自身素质的培养和幽默知识的积累,只能是舍本逐末,徒有一副空架子。

而在现实生活中许多人以为口才只是口上之才,以为口才好的人,只是因为他们很会幽默,而自己只是因为没有掌握幽默的技巧,才不会幽默的。他们看见许多口才好的人什么都可以说,谈什么都很动听,就觉得他们的口齿伶俐。这种看法是相当片面的、肤浅的。固然,口才的能力有赖于相当时间的训练,但好口才的基础实际是他人善于思考、善于观察、兴趣广泛,联想丰富,以及具有强烈的同情心和责任心。俗话说的"巧妇难为无米之炊"说的大概就是这个道理。

追本穷源,即使口才再好的人,也必须经常在观察和思考上下功夫。他们必须不断地扩充兴趣,积累知识,培养联想能力和幽默性格。他们谈话的题材源泉是非常充实的。而那些认为自己口才不好的人呢,他是不是每天看报纸?看报纸的时候,是不是只看看副刊上的小说消遣而已?是不是同时也很注意重要的国际及本地的新闻呢?是不是很留心地去选择电视节目?是不是随便听听就算了呢?是不是选择有意义的、精彩的电影和戏剧?是不是看戏时集中精神去欣赏它们,而不是坐在戏院里打瞌睡?

第八章　没有人是天生幽默的

著名剧作家曹禺曾说，哪一天我们对语言着了魔，那才算是进了大门，然后才有可能登堂入室，成为语言方面的富翁。那么，我们应该怎样来具体学习、锤炼自己的幽默能力呢？下面介绍几种可行、有效的方法。

首先要多读书，多看报，多关心时事。日常生活中，我们每天都离不开报纸、杂志和书籍以及电脑、电视等。在读书看报时，不妨备一支笔、一些卡片纸和一把剪刀，把所见到的好文章或让自己心动的幽默例子选出来，或者复制下来，或摘抄在卡片纸上，或粘贴在一个新文档中。每天坚持做，哪怕一天只记一两句也很有意义。日积月累就会为自己整理出一个"幽默大全"或者"笑话全集"什么的，在谈话的时候，你也许就会不经意地用上它们，从而使自己的幽默手段丰富起来。当然，这不一定只是为了提高自己的幽默能力，而是为了丰富自己的知识面。

其次要善于学习。对于与别人交往时幽默的题材和资料，一方面要认真地去吸收，另一方面则要好好地去运用。懂得如何运用，就可以使一句普通的话发挥出惊人的效果。学习吸收的目的是为了很好地应用，光吸收而不能应用就毫无意义。

俗话说："熟读唐诗三百首，不会作诗也会吟。"等到了"穷书万卷常暗诵"的境界，吟咏其中的精华，则可心领神会，产生强烈的兴味。摸熟语言的精微之处，就会唤起幽默的灵感；熟悉名篇佳作的精彩妙笔，则会获得丰富的词汇，自己在讲话时，幽默的语言亦会不招自来。这并非天方夜谭，只要你能潜心苦读，勤记善想，揣摩寻味，持之以恒，就能尝到运用语言，特别是运用幽默手法的醇香厚味。如果反复地用，不断地学，久而久之就可以像郭沫若所说的那样"于无法之中求得法，有法之后求其他"了。就像赵本山、宋丹丹的小品《昨天，今天

做一个大家都喜欢的幽默高手

和明天》中,白云所说的一句幽默台词:"不知我这张旧船票,还能否登上你那艘破船。"这句话便是来自流行歌曲《涛声依旧》的歌词,编者根据歌词谐音加以发挥,尤其是从"客船"到"破船"的使用,效果十分显著。

另外要注意搜集并积累别人运用幽默的方式方法。在听别人的谈话甚至于在接收手机短信、浏览网站幽默频道时,随时都可以听到或看到表现幽默方法的段子、笑话。把这些东西记在本子上,在生活中重复使用一遍,久而久之,你表现幽默的题材、资料就越来越多,说起话来也就越来越水到渠成,风趣幽默。

最后还要努力提高自己的表达能力,不断提高自己观察问题、思考问题的敏锐性,不断丰富自己的学识与经验,并努力增强联想力与敏感性。随着表达能力的提高,你的幽默能力也肯定会丰富多彩,整个人的个性素质和各方面的综合能力都会提高,从而使自己在不知不觉中成为一个幽默高手。

◆ "做鬼脸"的幽默效果

在交谈中适当运用挤眉弄眼、瞪眼睛、吐舌头、鼓两腮、皱鼻梁、歪嘴巴的表情,也就是俗称的"做鬼脸"有时也可以达到幽默效果。

大家都熟悉法国的著名喜剧演员德菲内斯,即使不熟悉,很多人也对他演的电影《虎口脱险》《疯狂的贵族》有印象。他就是一个擅长用夸张动作表现幽默的喜剧演员。当然,若说动作夸张幽默,那当然还属幽默天才、喜剧大师卓别林了。

尽管扮鬼脸是一种相当有效的幽默技巧,但这种靠出洋相来收效的扮鬼脸的幽默技巧只适合对熟悉的人或者小孩子使用,如果对一个陌生

第八章 没有人是天生幽默的

的成年人来做出这些表情，人家肯定会想"这个人有毛病吧"；如果对刚刚谈了不久的女朋友做出这些表情，可能就把她吓跑了；很明显，在一些严肃的场合是不宜使用这类做鬼脸的表情来表现幽默的。

其实，要扮好鬼脸也不是一件简单的事。法国著名喜剧表演大师德菲内斯曾经靠他魔幻般的"鬼脸"表演轰动了全世界，不过这种成就却是靠他几十年都致力于各种鬼脸的刻苦训练换来的。你可能不会成为喜剧表演大师，不过如果你有兴趣的话，也可以对着镜子练习做鬼脸，在某些情况下这种技巧将会发挥意想不到的幽默作用。毕竟，我们学不到大师们的精华，学点皮毛也是不错的。

把欢喜、吃惊、恐怖、忧伤等表情进行大幅度的夸张，也是交谈中常用的表情幽默，这种表情幽默特别适合在交谈中叙述某事时使用。

比如，一个人对朋友说："我太伤心了。"朋友问："怎么了？"然后，他故意做出严肃、神秘的表情说："我昨天傍晚买了三条活鱼，今天早晨没有一条是完整的！"朋友不解，此人认真严肃地说："它们为了别人的幸福，在海鲜城里牺牲了自己……"

除了上面的扮鬼脸和夸大表情外，在述说中，装着毫无感情体验的淡漠样子，呈现表情上的"空白"，也是效果较好的表情幽默之一。但这种幽默方式较难控制，它要求说话者故作一本正经地把幽默表现出来，且在别人哈哈大笑时，自己仍然要"无动于衷"。这种毫无表情的幽默在表演上被称为"冷面滑稽"。

◆ 动作使语言幽默如虎添翼

与表情幽默相比，形体上的滑稽动作也能表现幽默。卓别林就是一个动作幽默大师。他四岁的时候便上街赚钱，模仿一些著名歌唱家的调

做一个大家都喜欢的幽默高手

子,在演唱的同时,他还做出各种可笑的动作逗乐路人。特别是他那绝妙的"鸭子式"步法,为后来人争相效仿。

柏格森说:"模仿生命的机械动作就是一种滑稽。有些姿势,我们并不想笑它,然而一经别人模仿就变得很可笑了。"惟妙惟肖的模仿,夸张的模仿,甚至是拙劣歪曲的模仿都能制造出幽默的效果,引起人们的哄堂大笑。现实生活中,让男子模仿女子走路时的姿势能产生强烈的不协调感,这也是造成幽默的良方。

某大学里,同寝室的几位男生无聊的时候,便模仿流行歌曲演唱的歌手们的动作、口形等,配上夸张的表演,做成视频上传到网络上,获得了很高的点击率。后来,又有几个小伙子,干脆用Flash制成动画传到网上,受到人们的欢迎。如今,用Flash制成的动画在网上比比皆是,甚至中央电视台都有专门的节目,比如《快乐驿站》就用这种夸张的动作姿势演绎成的形式,来播放相声大师们的经典作品。这种幽默的动作和大师们的经典作品相辅相成,浑然一体,十分精彩。可以说,幽默的动作使语言幽默如虎添翼。

不仅语言和动作中都存在幽默,语言中的各式幽默,在动作中同样也有类似的形式来表现。比如,在处理非常简单的问题时,你可以装出手忙脚乱的样子,让你的朋友帮忙。这样,他帮你干完活后,很可能会得意地嘲笑你:"连这个都做不了,真是个笨蛋!"而你则可以通过某种动作上的幽默装傻,在心理上给你的朋友带来一种满足感。

一个很有智慧的僧人,他立志云游天下。一天傍晚,他走到一个地方,看到前方有一户人家,想去借宿一宿。

僧人见到这家的主人后,表明来意,主人却说明了自家从来不留外人借宿的情况。僧人一听,心想这下麻烦了,于是心生一计,他立刻摆摆手,指指自己的耳朵,意思说自己是个聋子,听不见主人说的话。

第八章　没有人是天生幽默的

　　主人无奈，先招待他吃了饭，然后打着手势对他说："禅师，吃了饭早点动身赶路吧，我们家是不能留你住宿的。"僧人假装看不懂主人的手势，只是瞪大眼睛摇摇头。主人用手指着门，意思是请他出去。"好，好。"僧人好像懂了。一边说着，一边大步走到门外，把包袱背了进来，放在墙角的柜子前面。主人又赶紧做了手势，意思说你背上包袱快出去。僧人马上高兴地走过去，背起包袱放在了柜子上面，比画着说："您想得真周到，包袱里面可全是神圣的经书啊！"主人又不停地比画，意思是要他走，他却点点头，打手势说："没有小孩子好啊，不会乱拿东西。我就把两根木棍插在包袱打的结上了。"

　　主人说东，他就说西，还不停地做些夸张动作，弄得主人哭笑不得，实在没办法，只得留他住了一宿。

　　动作上的幽默往往是和语言上的幽默配合使用的，这样就能使表意更加准确、丰富，更加耐人寻味，造成的幽默感也更加强烈。因此，当我们看到别人犯了错误，尤其是在理解上犯的错误时，总会感到十分可笑。

　　在动作上，还可以运用其他一些幽默技巧。比如说"分裂"手法。这里的分裂是指行为与意念的分离或背离。例如，哥哥正与妹妹下棋，听到爸爸走近房间的脚步声，就马上把棋藏起来做功课，就是将想尽情玩耍的意念与"一本正经"做功课的行为的背离。分裂是极广泛的心理和社会现象。

　　一般来说动作幽默是相对比较低级的幽默。卓别林能名扬四海，更多的还是故事情节因素在起作用。如果动作幽默没有内涵，一味地靠姿势的可笑来产生幽默效果是不能持久的。

◆ 幽默要分亲疏

在人与人的交往中，带有攻击性的玩笑与幽默是比较少见的，纯戏谑性的比较多一些。但即使是纯戏谑性的，往往也带着假想的攻击性，给人取绰号就属此列。攻击性如果对于陌生人，则不管多么不含恶意，也都是不礼貌的，可能引起不良后果；但在非常亲近的亲属或朋友之间，却恰恰又是交流情感的一种常用方法。攻击性更强烈的幽默，可以称为戏谑性幽默，这种幽默的亲切感也更强些。总之，在人与人相处的人际关系上，越是亲近，越可戏谑与揶揄；越是疏远，越要客客气气。

民间就流传着不少关系亲密的文人雅士互相戏谑的故事。苏东坡有个妹妹，虽然一副慧黠的样子，却长着高高的凸出的额头。她从小就爱与两个哥哥比才斗口，一派天真。尤其是大哥苏轼满腮胡须，肚凸身肥，穿着宽袍大袖的衣服，不修边幅，不拘小节，更是她斗口的对象。一天苏东坡拿妹妹的长相开玩笑，形容妹妹的凸额凹眼是：

娇躯尚在闺阁内，额头已至画堂前；
几回拭泪深难到，留得汪汪两道泉。

苏小妹嘻嘻一笑，当即反唇相讥：

一丛哀草出唇间，须发连鬓耳杏然；
几回口角无觅处，忽闻毛里有声传。

第八章　没有人是天生幽默的

这诗讥笑的是苏轼那不加修理、乱蓬蓬的络腮胡须。女孩子最怕别人说出她长相的弱点，苏小妹额头凸出一些，眼窝凹进一些，就被苏轼抓出来调侃一顿。苏小妹说苏轼的胡须似乎又还没有抓到痛处，觉得自己没有占到便宜，便再一端详，发现哥哥额头扁平，了无峥嵘之感，又是一副马脸，恨不得长达一尺，两只眼睛距离较远，整个就是五官搭配不合比例，当即喜滋滋地再作一诗：

天平地阔路三千，遥望双眉云汉间；
去年一滴相思泪，至今流不到腮边。

戏谑与揶揄一般都是无伤大雅的，在大多数情况下会带有一些揭对方短的意味，对此，一定要掌握好分寸，过与不及都可能令幽默达不到预定的效果。

佛印和尚与苏东坡是莫逆之交，经常一道游山玩水，吟诗作对，均不乏幽默机智，为人们所津津乐道。佛印虽然做了和尚，但是仍然非常洒脱，常与东坡一块饮酒吃肉，无所禁忌，不受佛门清规戒律的束缚。

一回，佛印听说东坡要到寺里来，便叫人烧了一盘东坡爱吃的红烧酥骨鱼。鱼刚端来，东坡恰好走到门外。

佛印听到东坡的脚步声，想跟他开个玩笑。正好旁边有一只铜磬——佛寺中钵形的乐器，顺手就把鱼藏进磬中。

东坡早闻到鱼的香味，满以为又有鱼肉吃了。一看饭桌上没有鱼，而香案上的铜磬却倒扣着，心里自然明白，却佯作不知，坐下来就唉声叹气，一副闷闷不乐的样子。

佛印感到奇怪。他素知东坡是个乐天派，笑脸常开，可今天怎么啦？不由得关切起来："大诗人，为何愁眉不展呀？""唉！你有所不

做一个大家都喜欢的幽默高手

知,早上有人出了一个上联,要我对下联。整整想了一早,才对出四个字,所以心烦。"佛印半信半疑地问:"不知上联怎么写?""向阳门第春常在。"佛印听了心中好笑,这副对联早已老掉牙了,谁人不晓,无非存心耍我,且看他葫芦里卖的什么药,于是也若无其事地往下问:"那么,对出哪四个字呀?""积——善——人——家……"东坡故意一字一顿地念出来。

佛印不假思索地大声接着说:"庆——有——余。"东坡忍不住哈哈大笑:"既然磬(庆)里有鱼(余),为什么不拿出来尝尝呢。"此时佛印才知中计。接着两人抚掌大笑,开怀畅饮。

又有一回,东坡吩咐侍妾王朝云,用姜葱等配料,做了一盘清蒸鲈鱼。刚要举筷,忽见窗外人影一闪,是佛印来了。心想,这和尚倒有口福,待我也要他一要,于是赶紧将鱼放到碗橱上面。

佛印眼尖,早已看在眼里,只当不知道。东坡笑嘻嘻地招呼佛印上坐,问道:"大师不在禅堂念经,却来这里为何?"佛印一本正经地答道:"贫僧有一个字不会写,今天特来请教。"东坡不知有诈,忙问:"不知是哪个字呢?""就是你姓苏的'苏'字啊!"东坡眉头一皱,深知佛印学问渊博,绝对不致连"苏"字也不会写,里面定有妙趣,但依旧装作很认真似的回答:"这个'苏'字嘛,是上面一个草头,下面左边一角鱼,右边一束禾。"过去"苏"的繁体字写作"蘇"。

佛印也装糊涂地问:"啊,是这样!要是把那条鱼放在上头呢?"东坡忙说:"那可不行!"佛印哈哈大笑,指指碗橱说:"既然不能放在上头,那还不赶快拿下来啊!"东坡这才恍然大悟,也哈哈大笑起来。

现在年轻人之间常互发短信戏谑,比如称对方为小猪、猪头、傻蛋等纯粹的调侃,但只能限于关系亲密的朋友或恋人之间,否则很容易引

第八章 没有人是天生幽默的

起对方不快。

◆ 保持乐观，培养幽默感

　　幽默有时让人感到神秘，有人想学，却无法学会；有人没怎么学，却脱口而出。那么，幽默是不是与生俱来、天赋而生的呢？其实，幽默是人的独特性情气质，和游戏一样，是人的本能，是一种生活心态。只要愿意，每个人都能具有这种心态。

　　前面说过幽默的谈吐是建立在说话者思想健康、情趣高尚的基础上的，当它用于对人提出善意的批评和规劝时，它必然要求批评者有较高的思想境界和较高的涵养性。一个心地狭窄，思想颓唐的人是不会有幽默感的。幽默永远属于那些热心肠的人，属于那些生活强者。幽默者品德要高尚，要心宽气朗，对人充满热情。

　　性格乐观豁达的人，他们的眼里总是闪烁着愉快的光芒；他们的处世方式总是欢快、达观、朝气蓬勃；他们的心中总是充满阳光。当然，他们也会有精神痛苦、心烦意乱的时候，但他们不同于别人的，就是他们总能无怨地面对这种痛苦，从来就没有抱怨，没有忧伤。他们知道与其抱怨和诅咒，倒不如努力去改变这种局面，因此，他们更不会为此浪费自己宝贵的精力，而是拾起生命道路上的花朵，奋勇前行。

　　有人把具有乐观性格的人比喻成一股永不枯竭的清泉，也有人把乐观的人称为蔚蓝的天空。有人却说乐观的人如同一首永无止境的欢歌，它使人的灵魂得以宁静，精力得以恢复。

　　具有乐观性格的人能使整个世界都流光溢彩。在这种光彩之下，寒冷变成温暖；艰苦变成舒适。无论在什么时候，他们都能让人感到光明、美丽和快乐的生活就在身边。这种个性使智慧更加熠熠生辉，使美

做一个大家都喜欢的幽默高手

丽更加迷人灿烂。而生活在光明、美丽、快乐、智慧之中的人,其人格的魅力又有谁能够抗拒呢?

人生的目的之一便是寻求当下的快乐,很多人不快乐,因为他们总企图按照一个难以实现的计划而生活。他们现在不是在享受,而是在等待将来发生的事情。他们以为等到自己找到好工作之后,买下房子以后,孩子大学毕业以后,完成某个任务或取得某种成功以后,就会快乐起来。可惜,这种人大都以失望告终。快乐实际上是一种心理习惯,一种心理态度,如果不是现在就加以了解和实践,也许将来永远体会不到。如果你也想拥有快乐,你现在就快乐吧,但是绝不要"有条件"地快乐。

同一件事,从不同的角度去看就会产生不同的效果,这里面就是对生活态度的问题。乐观的人总是从乐观的角度去看问题的。培养幽默感,就要从积极的角度去看问题,这才会有善意的批评和富于同情心的幽默。

一个人如果总是背着沉重的精神包袱,整天忧虑重重,悲观失望,他就不会热爱生活,也绝不会有什么幽默可言。幽默有时要像空气,在生活中无孔不入,才能真正发挥效果。

如果一曝十寒,压根儿就忘了幽默为何物,久久才警醒一次,急着找乐趣,那么很容易会发现已腐朽的心情不知该如何重返快乐江湖,只会让人更挫折、沮丧不已。

所以,幽默感这档子事,可千万不能"上个月没来,这个月没来,下个月也不会来"。

事实上,你得把情况经营成"昨天有来,今天有来,天天都会来"。

怎么做,才能确保它会来呢?

每天请为自己各做一次幽默深呼吸。

方法则是打开自己的趣味百宝箱,其中收集了各式各样的幽默,例如你曾听过、看过的爆笑笑话、有趣的漫画,或是自己曾经出过的丑、拍过的滑稽照片等等,在这个独具你个人风格的趣味百宝箱里再寻一次宝。

每天不管心情如何,都应该停下生活脚步,打开你的趣味百宝箱,重新体会幽默所带来的轻松愉悦,让自己全身沉浸在快乐之中,这样就等于是做了个幽默深呼吸。

常常如此做幽默深呼吸的好处,除了让脸上僵硬的线变成微笑之外,更能随时提醒自己,还能用别的角度来看世界,把快要泯灭的愉快心情重新找回来。

想到你的百宝箱中要放些什么了吗?

◆ 学习运用幽默的能力

要使自己的语言具有幽默感,很有效的办法便是多向他人学习运用幽默的能力。在我们周围不乏颇富幽默感的人,我们在和他们接触,同他们聊天,与他们交往的过程中,注意学习他人的做法,以增强自己运用幽默能力的库存和感受他人幽默的"传染"。

(1)注意听别人讲的趣事,从家人、同事、亲朋好友那里收集幽默题材。当你凝神静听的时候,许多同事、亲友以及交谈者都是你的好老师,在你工作上和生活上所接触到的人都会是你提高幽默性格有益的好老师。

(2)在注意从他人那里吸收对生活周围所发生的幽默的同时,再由此发挥你自己的幽默力量,把别人的幽默实例变成你幽默中的一部分。

(3)注意观看或欣赏各种文艺表演中的经典片段,包括电影、相

做一个大家都喜欢的幽默高手

声、小品等的表演，撷取其中饶有趣味的妙语，把它们稍加改变便可以应用到你的幽默个性和生活方式中。特别是这些幽默的素材，往往是大家所熟悉的，使用起来效果会十分的好。

（4）从书本上学习一些幽默的方法和技巧，系统地掌握幽默的基础知识。关于这方面的知识我们在本书的各章内容中都会作比较详尽的论述。

此外，我们还可以多看一些经典的喜剧和相声小品。任何一则幽默小品或笑话，都不太可能是完完全全的原创之作，往往是具有幽默力量的人常以借用或改编他人的幽默作品或方式而重新整合出来的。因此，你大可不必为借用他人的幽默而感到不安，当你从他人那儿学到幽默的方法，就该好好地运用它几次，而后你就能熟练地掌握它了。你需要努力的只是把一则大家熟知的幽默故事，一句著名的风趣格言，或是一则老掉牙的笑话注入新的生命，用在新的场合。

◆ 如何让自己的幽默独树一帜

在向他人学习、博爱众长的同时，你还能培养出自己幽默的风格，使其独树一帜，那么对你的人际关系来说将会使之变得格外顺滑流畅。

一个人的幽默方式应该有自己的风格，这样才更容易吸引别人，并产生应有的魅力。同样，如果你想让幽默改善你的人际关系，那么，你的说话风格必须有某种独特的地方，以便引起人们的注意，或者使人们容易记住你。你虽然可以利用自己的长相，或身体的某种特殊之处来引起注意，但那只是暂时的，它只能帮助你引起人们暂时的注意，而不能真正吸引人们。除非你有伟大人物的那种超凡的魅力，否则你必须培养出自己幽默的风格，这才是让别人不忘和容易与别人相处的最好方法。

第八章 没有人是天生幽默的

据说美国的艾奥瓦州锡格尼市的凯欧库克旅馆是方圆几十里的流动推销员最爱去的地方,他们不管远近都想到那里去投宿。为什么呢?因为那里的店老板,人称"快乐的韦勒",是一位笑口常开的人。他对谁都能说上几句好听的话,自从人们认识他这么多年以来,从来没有听到他对谁说过一句不顺耳的话。韦勒有他与众不同的地方,说话有他自己独特的风格。后来他成功了,成为当地有名的富翁。

在日常生活中与人交往的时候,能表现出自己自然的风格是上策,但要努力发展你自己的独特风格,而不是去发展别人的独特风格。有些人,当他们与别人谈话时,认为有必要装腔作势,或者是戴上一副假面具;有些人试图表现得很友善,有的时候甚至表现出媚态;有些人急功近利,就像做电视商业广告一样。这些人的失误在于他们表现的都不是本色,自然得不到别人的信任。要有自己的个性,你看到的我是什么样,我就是什么样,不管你喜欢不喜欢,但你总会相信同你交往的那个人是真实的。无论对也好,错也好,都要真诚地对待每一个人。因此,只要把握好与人交往的分寸和原则,总会受到别人的喜欢,从而慢慢养成自己与人交往的幽默风格,因为你用真诚的自我与别人交往,就是用自己的风格和别人说话。